Innovación e investigación en conservatorios y escuelas de música

Rocío Chao-Fernández / Francisco César Rosa-Napal /
Aurelio Chao-Fernández (eds.)

Innovación e investigación en conservatorios y escuelas de música

PETER LANG

Información bibliográfica publicada por la Deutsche Nationalbibliothek
La Deutsche Nationalbibliothek recoge esta publicación en la Deutsche
Nationalbibliografie; los datos bibliográficos detallados están disponibles
en Internet en http://dnb.d-nb.de.

Catalogación en publicación de la Biblioteca del Congreso
Para este libro ha sido solicitado un registro en el catálogo
CIP de la Biblioteca del Congreso.

ISBN 978-3-631-87225-3 (Print)
E-ISBN 978-3-631-88372-3 (E-PDF)
E-ISBN 978-3-631-88373-0 (EPUB)
DOI 10.3726/b19918

© Peter Lang GmbH
Internationaler Verlag der Wissenschaften
Berlin 2022
Todos los derechos reservados.

Peter Lang – Berlin · Bruxelles · Lausanne · New York · Oxford

Esta publicación ha sido revisada por pares.

www.peterlang.com

Índice

Prólogo

La evolución de los procedimientos y de las herramientas en la Educación Musical lógicamente conlleva cambios en su estructura y en su funcionamiento. Cada avance, cada mejora necesita seguramente cambios importantes en el pensamiento y en el modo de llevarlo a cabo, además de las correspondientes actualizaciones en los programas concretos de cada materia. Pero ¿cómo y quiénes deben ser los protagonistas de estos cambios?

Los conservatorios y las escuelas de música, tanto sus directivas como su profesorado, son los centros desde donde prioritariamente deben partir las ideas de su propia evolución. Evidentemente es complejo ser partícipe de un currículo y a la vez responsable de sus sucesivas modificaciones, pero sin duda este es el mejor camino para que sean efectivas. Los mismos protagonistas de la educación musical, como lo son los profesores y las profesoras que forman parte de las instituciones de enseñanza específica de la música —conservatorios y escuelas de música principalmente— debieran ser a la vez la vanguardia de su desarrollo, evolución y mejora. Y tiene su lógica justificación porque son quienes mejor conocen por dentro el funcionamiento del centro, el alumnado que se acerca a ellos solicitando una formación acorde con las nuevas formas de ver y vivir la música en cualquiera de sus aspectos, así como el desarrollo y la proyección de las sucesivas leyes educativas que les afectan directamente.

El profesorado de esos centros es el que siente la responsabilidad de pensar más allá, de ver por encima de las tareas diarias, de recordar el avance de las generaciones de alumnos que pasan por sus manos, de evadirse en algunos momentos de las tareas concretas inmediatas, de levantar la cabeza y respirar hondo para dar un repaso mental a la labor realizada y los logros conseguidos a lo largo de los años, no solo en un día o trimestre o curso anual, sino en el transcurso de los años. Es lo que llamamos experiencia y que supone la mejor de las aportaciones a la historia, siempre en evolución, de la educación en cualquiera de sus ámbitos.

Son precisamente ellos, ese profesorado del que hablamos, los que han escrito esta serie de artículos tan variados y tan integrados a la vez; variados en cuanto a su temática pero integrados en un proyecto común que es el de aportar, cada uno desde su campo, un grano de arena a la construcción y deconstrucción continua del edificio de la educación musical, de los proyectos educativos que respetan los intereses siempre cambiantes del alumnado y que adapten sus comportamientos a los progresos de pensamiento pedagógico de la sociedad educativa. No se trata de un temario exhaustivo, pero sí de una serie de reflexiones de gran amplitud, con mirada crítica siempre pensando en la mejora del funcionamiento de nuestras instituciones tan necesitadas de actualizaciones continuas para adaptarse a las circunstancias en constante devenir. Hay que agradecerles su trabajo e interés en mirar con renovados ojos los procesos de enseñanza y aprendizaje que ellos mismos llevan a cabo día a día.

Publicado en un solo corpus, a modo de compendio con información de primera mano, incorpora temáticas muy diferentes que van desde materias concretas, como el lenguaje musical y la exploración sonora o el violín y la dirección musical, a pensamientos más globales como los planes de estudio, el ecosistema musical y el aprendizaje colectivo, para completarlo con artículos dedicados a valorar la situación actual de la docencia y la incorporación de experiencias didácticas con el ánimo de conseguir un conservatorio ideal.

Es posible que no estén incluidas todas las temáticas posibles, cosa que por otra parte sería inabarcable, pero es innegable el afán globalizador de esta oferta tan amplia, variada y enriquecedora de contenidos en referencia a la Educación Musical. Enhorabuena a los autores de cada capítulo y a los promotores de la edición en su conjunto.

Emilio Molina

Xevi Matamala-Cors[1], Isabel Muniente-Rodríguez[2] y
Francisco Javier Duque-Gutiérrez[3]

Lenguaje musical y desarrollo integral de la persona: sentirse músico en el aula

Resumen: La Escuela Municipal de Música de Olesa de Montserrat inicia, en 2014, la transformación del área de lenguaje musical en la etapa de 12 a 16 años: abandona la enseñanza meramente técnica e instrumental y prioriza los aprendizajes que permiten a la persona el acceso a la música como medio de expresión y comunicación con el otro, pero desde su dimensión socioemocional.

Los cambios han adoptado el enfoque crítico y la estrategia de la investigación-acción. Esto permite la definición de principios metodológicos centrados en el alumnado y una actividad docente mediadora con los conocimientos a adquirir, a través de procesos creativos e interdisciplinares. El alumnado ha construido conocimiento con el que se identifica emocionalmente y a su vez lo vincula al grupo, posibilitando el pensamiento creativo y crítico.

Las transformaciones, después de siete años de implementación, son apreciables tanto en el alumnado como en el profesorado y la institución.

Palabras clave: lenguaje musical, cocreación, transdisciplinariedad, expresión musical-emocional.

1 Introducción

La Escuela Municipal de Música de Olesa de Montserrat (Barcelona), desde su fundación, ha sido sensible a los procesos de mejora educativos, colaborando con proyectos musicales en escuelas e institutos (públicos o concertados) y cooperando con servicios sociales, asociaciones y entidades principalmente de carácter cultural. Los veintiún profesores del claustro participan de esta cultura institucional (por ejemplo, a través de la pedagogía de grupo) y en ella se enmarca la innovación que presentamos aquí, en la asignatura de Lenguaje Musical (de ahora en adelante LM) en la etapa de 12 a 16 años, iniciada en 2014.

Históricamente el área de LM deriva de la disciplina del solfeo, herencia directa del conservatorio napoleónico. Su abstracción y alejamiento de la comunicación

---

1   Escola Municipal de Música d'Olesa de Montserrat (EMMOM).
2   Escola Municipal de Música d'Olesa de Montserrat (EMMOM).
3   Escola Superior de Música de Catalunya (ESMUC).

musical se intentó compensar con las metodologías activas durante el siglo XX (Dalcroze, Kódaly, Willems, Orff, etc.), y en el sistema educativo español con la LOGSE (1990). No obstante, la inercia de la disciplina y la falta de actualización pedagógica del profesorado dificultaron su transformación (Parra, 2017). En nuestra escuela, en la etapa de 12 a 16 años, también se tenía la impresión de que el enfoque tradicional del LM era un transmisor de conocimientos a corto plazo, pensado para solucionar con celeridad los contenidos necesarios para la interpretación instrumental, en la línea del llamado Solfeo. Localizada la problemática se pasó a su diagnosis: el alumno presentaba dificultades en la transferencia de los aprendizajes entre el LM y su praxis instrumental, falta de atención ligada a la falta de motivación, bloqueos en relación con la exploración y creación musical, carencia de fluidez interpretativa especialmente en grupo, etc. En síntesis: los estudiantes presentaban una falta de comprensión amplia y global (orgánica) de la música debido a la adquisición de un conocimiento muy técnico y fragmentado (lectura, teoría, reconocimiento auditivo, etc.). Era necesario un nuevo planteamiento del LM centrado en una visión holística integradora y facilitadora de la expresión musical vinculada a la dimensión socioemocional del alumnado.

Desde el primer momento el proyecto se planteó como una estrategia de investigación-acción basada en pedagogías constructivistas, centradas en el alumno y la construcción de conocimiento (Torrado y Pozo, 2006), en la autorregulación y el control de las estrategias de aprendizaje (Zimmerman, 2011), y en la importancia de la selección, organización y presentación de contenidos para favorecer aprendizajes significativos. En los diferentes ciclos de investigación-acción, se sumaron más referentes: la consecución de una experiencia emocional que dé significado al acto de aprendizaje del estudiante, en un clima de seguridad y confort para generar fluidez comunicativa (Bisquerra y Hernández, 2017), y por lo tanto construcción de conocimiento; la búsqueda de hacerlo sentir músico en un sentido amplio y a la música como vehículo de expresión individual o colectiva para la comunicación en clave socioemocional (Biasutti, 2015); ayudar al estudiante a descubrir e interiorizar que la música es inherente a la especie humana, y por eso la innovación debía abordar "temas de psicología, comunicación, emoción, práctica, escucha, aprendizaje informal e interconexión entre las artes" (Peñalba, 2017, p.122). En definitiva, el área de LM podía ser clave para el uso y práctica de la música vinculado al desarrollo de la persona.

Los objetivos principales del proyecto se fueron definiendo y ampliando en los ciclos de la investigación-acción, de la siguiente manera:

Cursos 2014 a 2016

- Poner la creación musical como motor generador de aprendizaje.
- Integrar en el LM, de forma interdisciplinar, todos los conocimientos provenientes de las otras asignaturas pertenecientes a la misma etapa curricular.
- Fundamentar la acción pedagógica en el trabajo de la emocionalidad entendida como base de la empatía y el goce identitario durante la comunicación artística.

Cursos 2016 a 2018

- Eliminar la compartimentación tradicional de los objetivos y contenidos del LM.
- Implementar esa revisión holística de objetivos y contenidos en experiencias que sean significativas para el alumnado al ubicarlo en el rol de *sentirse músico*.
- Poner la exploración, la improvisación y la creación musical en el centro, como metodología y finalidad de la expresión individual y grupal.
- Convertir en trascendente el lenguaje y la expresión musical al vincularlo a la persona y a su comunicación en sus grupos de pertenencia.

Cursos 2018 a 2021

- En esta etapa los objetivos adoptaron una visión decididamente transdisciplinar para el desarrollo integral de la persona:
- Vivenciar la música asociada a otros lenguajes artísticos, abriendo nuevos espacios disciplinares no contemplados usualmente en los currículos, como la poesía, videoarte, movimiento o danza y *bodypercussion*.
- Buscar la fluidez expresiva y comunicativa del estudiante, fomentando la construcción de su consciencia identitaria psicoemocional en contacto con su etapa vital y contexto social.

2 Metodología de la innovación

El coordinador de LM formó un equipo docente investigador, adoptando una estrategia de investigación-acción (Latorre, 2004) y, con una reunión semanal para definir y reflexionar sobre la propia práctica, se determinan las herramientas de observación y recogida de datos, y se definen los escenarios y las actividades de aprendizaje adaptándolos constantemente al alumnado y su contexto.

Se suprime el formato tradicional de cuatro cursos de LM independientes (de 12 a 16 años) y se implementan agrupaciones heterogéneas del alumnado según las necesidades de cada momento, reforzando la idea que todos los estudiantes de la asignatura constituyen un solo grupo gestionado por cuatro profesores. Este gran grupo puede dividirse en otros más pequeños (dos, tres o cuatro), o en equipos de trabajo cooperativo que trabajan de forma autónoma y los profesores alternan su colaboración por los distintos equipos en una misma sesión o unidad didáctica.

Destinatarios y recursos

Los destinatarios de la intervención son aproximadamente unos 50 alumnos cada año académico, con similar nivel socioeconómico, edades de entre 12 a 16 años y con una distribución cercana siempre al 50% entre hombres y mujeres.

El grupo de docentes, a lo largo de estos siete años de proyecto, lo han conformado un total de diez profesores, oscilando cada curso entre 3 y 6, permaneciendo desde el primer momento solo tres, lo que es una dificultad añadida para su desarrollo. A ello se suman las normales discrepancias y resistencias por cuestiones metodológicas, o falta de compromiso al realizar las tareas acordadas, (sobre todo los diarios de campo y las reflexiones sobre la propia práctica), etc. Aun así, esta conflictividad, al producirse en el diálogo del trabajo en equipo dentro y fuera del aula, permite compartir bagaje y experiencias, promoviendo el desarrollo profesional.

El proyecto requiere un incremento significativo de los espacios físicos (antes solo eran necesarias cuatro aulas): espacios más grandes y diáfanos para trabajar con todo el grupo y realizar también actividades de movimiento, y diversas aulas pequeñas con material instrumental para realizar las cocreaciones. Esta dificultad inicial obligó a pensar soluciones creativas, como la utilización funcional secundaria de los pasillos, el vestíbulo, la sala de profesores o el mismo auditorio. Este hecho fue decisivo para dar una visibilidad al proyecto en toda la escuela, cohesionando aún más al centro por el compromiso del equipo directivo para satisfacer las necesidades de material y espacios.

Instrumentos de recogida de datos

Se diseñan un amplio abanico de herramientas para el seguimiento de los aprendizajes:

- Diarios de campo: tras cada sesión, cada docente lo elabora centrándose en los contenidos de aprendizaje, en aspectos actitudinales, conductuales y en la dimensión socioemocional que requiere la expresión artística-musical.
- Registro fotográfico y audiovisual: para observar y analizar la actividad del aula, la metodología, las estrategias de enseñanza aprendizaje y los procesos de cocreación. Vídeos de las producciones artísticas del alumnado presentadas en público (algunas emitidas en internet) para observar y analizar la

consecución de resultados y competencias escénicas. Fotografías (incluyendo capturas de pantalla en las clases *online*) para documentar las actividades realizadas y captar la actitud del alumnado.
- Cuestionarios individuales del alumnado: para comprobar el grado de conciencia de su proceso de aprendizaje y el grado de satisfacción.
- Rúbricas de evaluación, autoevaluación y coevaluación: para verificar la maduración y adquisición de conocimiento.
- Presentaciones por parte del alumnado de sus procesos de creación: centrados tanto en la asimilación de contenidos como en la propia reflexión acerca del proceso de aprendizaje (metacognición).
- Entrevistas para detectar momentos clave y verificar el impacto emocional.

Principios metodológicos y actividades didácticas

La didáctica adoptada en el proyecto se basa, de forma general, en metodologías activas, creativas y participativas donde es necesario el uso del propio instrumento en formaciones instrumentales para resolver los retos, problemas y simulaciones propuestas que demandan respuestas creativamente válidas (descartando la dicotomía de correctas o incorrectas), casi siempre de forma colaborativa, utilizando herramientas propias del aprendizaje cooperativo para que los alumnos se impliquen y gestionen todo el proceso. A partir de este enfoque inicial, durante el desarrollo de la innovación pronto se definieron y asumieron unos principios didácticos como base para el diseño de las actividades de E/A y que pasamos a ejemplificar, aunque cualquiera de ellas responde a varios de estos principios, ya que están interconectados.[4]

1. Partir del conocimiento de la persona: se observó la acción de los estudiantes para identificar capacidades o necesidades individuales, compartiéndolas y haciéndolas conscientes dentro del grupo, fomentando un clima de apertura, y estableciendo complicidades para repercutir en el bienestar individual y colectivo. A este proceso, el propio equipo docente lo denominó *autoconocimiento compartido*.

   Se buscó constantemente recoger la expresión del estudiante, de sus intereses, preocupaciones, limitaciones e inacciones; y así hacer aflorar el deseo de aprender, la curiosidad y el placer en este viaje. Los procesos de aprendizaje se

---

4   Se pueden ver fotografías y vídeos de algunos ejemplos en Muniente y Matamala (2020) https://sonograma.org/2021/06/una-innovacio-pedagogica-per-a-la-transformacio-de-leducacio-musical/

entendían así ligados a los procesos psicológicos atendiendo tanto a aspectos cognitivos como afectivos.

Se observó que para promover el *autoconocimiento compartido* era importante expresar e identificar de forma grupal comportamientos, habilidades y pensamientos tanto del alumnado como de los docentes. Recoger, por ejemplo, el estado de ánimo individual al empezar y al terminar una sesión era una buena manera de evidenciar posibles transformaciones y tomar el pulso al ánimo del grupo. También pedir al alumnado su opinión en los cierres de algunas etapas, a través de canales diversos, facilitó tener en cuenta su voz para el próximo proyecto.

2. Partir de la emoción de la persona: la acción pedagógica se pensó desde la emocionalidad de las vivencias y aspiraciones del alumnado para que los conocimientos previos pudieran ser la base de los nuevos aprendizajes: "las conexiones que el cerebro percibe como más necesarias y que, por tanto, también mantiene mejor fijadas e integradas son aquellas que incorporan aspectos emocionales, ya que las emociones se relacionan directamente con la supervivencia. Por ello los aprendizajes emocionales son mucho más significativos que los no emocionales" (Torrens, 2019, p. 171). Las actividades planteadas iban a buscar premeditadamente un impacto emocional inicial para provocar el deseo de comunicar, expresar y compartir, avanzando de forma conjunta en el consenso de significados. Una estrategia recurrente era trabajar con el repertorio musical del imaginario del alumnado porque este se apoya en su motivación intrínseca y su deseo de aprender. Por ejemplo, se abordó el repertorio trabajándolo con su propio cuerpo a través de recursos como *bodypercussion,* y prestando atención a la emoción que provocaba en ellos.

3. Construir conocimiento en grupo: vincular las acciones a la generación de conocimiento fue un objetivo fijado por el equipo docente; por esta razón se procuró, por un lado, aprovechar cualquier acción del alumnado, aunque esta fuera desafiante o no deseada y, por otro lado, proponer actividades determinadas para provocar la acción de iniciativa propia.

Para conseguir la construcción de conocimiento en grupo, primero se buscó del alumnado que orientara sus acciones hacia el aprendizaje, pese a que inicialmente no fuera así. Para ello se buscó que la acción tuviera siempre una repercusión hacia el resto del grupo. De esta interacción emergía el aprendizaje porque se tenían que negociar significados, objetivos y necesidades individuales que pasaban a ser grupales. A partir de aquí, la construcción conjunta de conocimiento se visibilizaba a través de distintas estrategias, como la de representar el conocimiento desde otros lenguajes artísticos (visual, plásticos, etc.), compartir el proceso de creación de un producto artístico musical, crear mapas de palabras donde el alumnado relaciona conceptos, los comparte y verbaliza trabajos ajenos, o utilizar determinadas técnicas, como la del *puzzle d'Aronson,* para especializar y compartir el conocimiento adquirido.

4. Autonomía y autorregulación: para favorecer el grado de implicación y compromiso de los estudiantes en sus procesos de aprendizaje se negociaron los contenidos a aprender e incluso el diseño del itinerario para adquirirlos. Un ejemplo de ello son los retos propuestos por el propio alumnado, activando estrategias de aprendizaje individuales o colectivas para lograrlos. Hacer una creación en grupo, enseñar a un igual, aproximarse a su repertorio musical, visualizar procesos, etc., eran acciones que ayudaban a comprender.

Otro aspecto clave para favorecer la autonomía y la autorregulación era implicar al alumnado en la evaluación, "integrar los criterios de evaluación incidirá directamente en la capacidad de gestión de su propio aprendizaje" (Pozo y cols., 2020, p. 340).

5. Evaluación continuada: la evaluación se pensó integrada en el proceso de E/A, en forma de actividades didácticas, con el objetivo de que el profesorado compartiera "con los alumnos el proceso evaluativo, porque está comprobado que solo el propio alumno puede corregir sus errores, dándose cuenta de por qué se equivoca y tomando decisiones de cambio adecuadas." (Sanmartí, 2007, p. 21).

La evaluación inicial recogía experiencias personales, conocimientos previos, vocabulario, estrategias de razonamiento, etc. Para ello se plantearon preguntas abiertas, o actividades individuales como hacer un mapa de palabras a partir de unos conceptos dados, o un listado de significados recogidos entre todos. En las actividades de E/A se producían unos momentos de valoración continua: espacios donde los grupos compartían entre ellos el trabajo realizado durante la sesión, las conclusiones a las que habían llegado, dificultades encontradas, etc. Eran espacios en los que los grupos de trabajo se podían comparar y aprender entre sí, identificando y valorando su propio rendimiento. Las evaluaciones finales no solo eran "productos resultantes", sino también buscaban visibilizar y comunicar todo el proceso de creación, el grado de implicación y de identidad propia del grupo. Era necesario mostrar los productos creativos en comunidad, pero también reservar espacios donde, además de las metas conseguidas, poder mostrar los errores y las dificultades.

6. Fomentar el pensamiento divergente y el pensamiento crítico: asumimos que "las neurociencias y la neuroeducación nos confirman que el pensamiento divergente es una estrategia para crear conocimiento tan válido como el pensamiento lógico" (Acaso y Megías, 2017, p. 113). Los entornos de aprendizaje

que se presentan en su integridad (holísticos) favorecen la reflexión crítica y el pensamiento divergente, aspectos clave para el desarrollo y maduración de las personas. En la misma línea, Pozo y cols. nos recuerdan que es importante favorecer que los alumnos "ejerzan el pensamiento crítico, reflexivo e independiente necesario para continuar aprendiendo a lo largo de la vida, algo crucial en el ámbito musical" (Pozo et al. 2020, p. 37).

Para crear experiencias holísticas y promover estos dos pensamientos se crearon entornos de aprendizaje donde la exploración y creación vinculada a la vida habitual del alumnado desterrasen la censura a favor de la toma de decisiones dentro de un ambiente lúdico y siempre constructivo. Se propusieron debates para la reflexión y retos que generasen procesos y productos creativos significativos para el colectivo implicado. Hablar de la industria musical, del consumo de cultura, de la utilidad de la cultura en nuestra sociedad, de las preferencias musicales de distintas generaciones, etc. podía ser pertinente. A ello se sumó el valor de la improvisación musical como acción que fomenta y al mismo tiempo se nutre del pensamiento creativo, esto es, de base divergente y crítica: la improvisación es el recurso pedagógico más intenso y que demanda más esfuerzo cerebral para conseguir la expresividad genuina de la persona (Landau y Limb, 2017).

Temporalización de la intervención

En la implementación del proyecto, se pueden diferenciar las siguientes fases:

Primer ciclo (curso 2014 a 2016)
1. Elaboración y presentación del proyecto de innovación, a finales del curso 13–14, al equipo directivo y con la intencionalidad de utilizar metodologías de aprendizaje cooperativo en el LM.
2. Prueba piloto, durante el curso 14–15: se aplica la propuesta solo a una línea de las dos posibles. Durante el primer trimestre se aplica una investigación-acción tutorizada por la Universidad Autònoma de Barcelona, para evaluar cómo emergen los contenidos propios del LM en la nueva propuesta.
3. Apropiación del proyecto por parte de la institución: a partir del 2015 se aplica el proyecto de innovación en las dos líneas de LM existentes, implicando a más docentes, y cerrando un ciclo.

Segundo ciclo (curso 2016 a 2018)
4. Ampliación del proyecto: el canto coral se integra en el proyecto, y las clases de LM pasan de 45 minutos a sesiones de 1h 30 min semanal. Esto posibilitó

la consecución de un hito en el proyecto al permitir el formato de creación musical escénica en pequeños grupos de trabajo y presentarlo ante el público.

5. La interdisciplinariedad irrumpe en el proyecto: en el curso 17–18 las producciones musicales finales se inspiran en producciones de otras disciplinas artísticas: pinturas, *haikus*, vídeo art, fotografías y poemas visuales.

Tercer ciclo (curso 2018 a 2021)

6. Hacia la integración de las artes: en cada curso se trabaja la música con una sola disciplina artística (poesía, videoarte y danza respectivamente) de tal forma que en la puesta en escena deben estar presentes los dos lenguajes artísticos, fusionándose para comunicar una idea, resultando formatos finales diversos en las producciones.

3 Resultados

Cambios observados en los alumnos

A través de la recogida de datos y, pese a que se verifica que las mejoras no tienen la misma intensidad en todos los alumnos, en términos generales podemos afirmar:

- Mejora la competencia de tocar en grupo en cuanto a calidad de la interactuación, asunción de las funciones y roles, así como de la escucha colectiva.
- Respecto a valores y actitudes, el alumnado incrementa en capacidad de adaptación, de flexibilidad y fluidez en la socialización. Aumenta el sentimiento de pertenencia al grupo y el deleite del proceso.
- En cuanto a la conciencia del proceso de aprendizaje, el alumnado mejora en su reflexión metacognitiva: conoce mejor las potencialidades y debilidades de su aprendizaje y participa más activamente en el auto diseño de su proceso.
- En relación con la creatividad, mejora la competencia de expresión artística-musical y la capacidad de vincular diferentes disciplinas con la música. Asimismo, mejora la habilidad de improvisar en base a la descripción de emociones individuales y grupales: por tanto, se incrementa la integración del pensamiento creativo.

Transformaciones institucionales y profesionales

Como consecuencia de los cambios, se producen transformaciones que afectan a los docentes y a la propia escuela entendida como institución. En concreto, a través del análisis de los diarios de campo, se observa que los propios docentes-investigadores adquieren profundidad de reflexión y mayor compromiso en relación con su acción pedagógica. Asimismo, la escuela, ha permeabilizado su orientación educativa hacia nuevos enfoques a consecuencia de la visibilización de los procesos y también de las producciones ligadas a los proyectos concretos de la innovación, hasta el punto de modificar tanto la organización como la metodología de etapas curriculares, como la previa de LM, para alumnado de 8 a 12 años.

4 Conclusiones

El trabajo muestra: 1) la apropiación, por parte del estudiante, del LM como mediador artístico para sentirse músico, le transforma y otorga significación a su desarrollo como persona (Moreno, 2016): el alumno, socialmente primero e individualmente después, interioriza conocimientos, asume valores y adquiere competencias clave; 2) la formación y desarrollo del docente como investigador en la acción y en espacios sociocríticos colaborativos (Hargreaves y O'Connor, 2018), es un requisito central para el éxito de esta innovación, deviniendo así un verdadero profesional de la praxis educativa musical; 3) la apropiación del proyecto por parte de la institución (Gairín, 2010), comporta acciones organizativas precisas para superar resistencias profesionales y la alta compartimentación curricular.

La innovación actualmente cuenta con la colaboración de un artista escultor que juntamente con el profesorado inicia un proceso creativo compartido con el alumnado para la consecución de productos artísticos que integren la escultura y la música. Finalmente, estos productos serán mostrados públicamente en formato de exposición.

Referencias

Acaso, M. y Megías, C. (2017). *Art Thinking. Cómo el arte puede transformar la educación*. Paidós.

Biasutti, M. (2015). *Pedagogical applications of cognitive research on musical improvisation*. Frontiers in psychology, 6, 614. https://doi.org/10.3389/fpsyg.2015.00614

Bisquerra, R. y Hernández, S. (2017). Psicología positiva, educación emocional y el programa aulas felices. *Papeles del Psicólogo, 38*(1), 58–65. https://doi.org/10.23923/pap.psicol2017.2822

Gairín, J. (2000). Cambio de cultura y organizaciones que aprenden. *Educar, 27*, 31–85. https://educar.uab.cat/article/view/v27-gairin-3/222

Hargreaves, A. y O'Connor, M. (2018). *Profesionalismo colaborativo*. Morata.

Landau, A. T., Limb, C. J. (2017). The neuroscience of improvisation. *Music Educators Journal, 103*(3), 27–33. https://doi.org/10.1177%2F0027432116687373

Latorre, A. (2004). *La investigación-acción. Conocer y cambiar la práctica educativa.* Graó.

Moreno, A. (2016). *La mediación artística.* Octaedro.

Parra, M. J. (2017). *La enseñanza-aprendizaje del Lenguaje Musical en los Conservatorios Profesionales de Música de España. Pasado, presente y futuro* [Tesis doctoral]. Universidad de Castilla-La Mancha. http://hdl.handle.net/10578/19271

Peñalba, A. (2017). La defensa de la educación musical desde las neurociencias. *RECIEM, 14*, 109–127. https://doi.org/10.5209/RECIEM.54814

Pozo, J., Pérez Echeverría, M. P., Torrado, J. y López-Íñiguez, G. (Coords.)(2020). *Aprender y enseñar música. Un enfoque centrado en los alumnos.* Morata.

Sanmartí, N. (2007). *10 ideas clave. Evaluar para aprender.* Graó.

Torrado, J. A. y Pozo, J. I. (2006). Del dicho al hecho: de las concepciones del aprendizaje a la práctica de la enseñanza de la música. En N. Scheuer, J. Pozo, M. Pérez-Echeverría, M. Mateos, E. Martín y M. de la Cruz (Coords.). *Nuevas formas de pensar la enseñanza y el aprendizaje. Las concepciones de profesores y alumnos* (pp. 205–228). Graó.

Torrens, D. B. (2019). *Neurociencia para educadores: Todo lo que los educadores siempre han querido saber sobre el cerebro de sus alumnos y nunca nadie se ha atrevido a explicárselo de manera comprensible y útil.* Octaedro.

Zimmerman, B. J. (2011). Motivational sources and outcomes of self-regulated learning and performance. En B. J. Zimmerman y D. H. Schunk (Ed.), *Handbook of self- regulation of learning and performance* (49–64). Routledge. https://www.routledgehandbooks.com/doi/10.4324/9780203839010.ch3

Amalia Guerrero Rocha[1] y Manuel Tizón Díaz[2]

La enseñanza del lenguaje musical y las emociones: reflexiones para docentes

Resumen: La inteligencia emocional es un constructo de gran importancia en la formación integral del alumnado. La música, por su naturaleza emocional, se antoja como una realidad en la que las emociones pueden ser trabajadas desde distintos enfoques. En este trabajo, planteamos un acercamiento al trabajo emocional en el aula de Lenguaje Musical de primer curso de grado elemental. Para ello, diseñamos una metodología para implementar en el aula, donde, para adquirir destrezas específicas del lenguaje musical, se atiende como nexo metodológico la potenciación de parámetros asociados a la inteligencia emocional, tales como la confianza, el autocontrol, la curiosidad o la empatía. Esta propuesta se muestra como un borrador metodológico, donde las emociones son la hoja de ruta, y, la música, el proyecto final, atendiendo en todo momento al proceso y al cuidado emocional.

Palabras clave: Lenguaje musical, inteligencia emocional, emociones y música, educación musical.

1. Introducción

La formación integral del estudiantado es labor indispensable en el concepto actual de la docencia. Esta formación debe tener en cuenta la autoestima, el respeto, la motivación, la empatía, etc. Todos estos atributos están íntimamente relacionados con la inteligencia emocional (IE a partir de ahora). Debemos tener en cuenta que la habilidad de aprender de cada estudiante va a depender, en gran medida, de su disposición emocional. De hecho, Blanco y Blanco (2021) identifican un bajo bienestar emocional en estudiantes de secundaria en la pandemia de la COVID, que impactó negativamente en el aprendizaje.

En la enseñanza musical no pasa desapercibido este hecho, ya que la música es un arte emocional por naturaleza (Tizón, 2017). Además del significado o el contexto emocional, en el aula, proponemos el trabajo de ítems ligados a la IE que serán importantes para la adquisición de conocimientos musicales.

Para tal fin, esta propuesta presenta un apartado teórico dividido en dos, uno genérico sobre la inteligencia emocional y otro enfocado a la música. El otro

---

gran apartado se destina a la sección metodológica, en donde dividimos la materia con base en cuatro apartados, estos son el ritmo, la entonación, la audición y la teoría. Aunque estos apartados parezcan independientes, en realidad forman parte de un engranaje, y, por lo tanto, nuestro cometido será trabajar todos estos ámbitos de manera paralela. Previamente, haremos un trabajo rítmico y vocal de los elementos que queremos intervenir y, posteriormente, trabajaremos el reconocimiento auditivo de esos mismos contenidos. La parte teórica de la materia no se plantea desde un punto de vista conceptual, sino procedimental, a través de ejercicios prácticos con los que interiorizarán y asimilarán nuevos contenidos. Por último, se deja paso a las conclusiones del trabajo.

2. Marco teórico

2.1 Inteligencia emocional

Uno de los autores más importantes en torno a la inteligencia emocional es Goleman (1996). Las habilidades o claves de la inteligencia emocional que pueden ser trabajadas según el autor son las siguientes:

- La autoconciencia. Se define como la capacidad que tiene una persona para identificar nuestras fortalezas y debilidades. Las personas que toman conciencia de sí mismas suelen tener la autoestima alta. Esta habilidad conlleva reconocer los estados de ánimo propios, conocer nuestras propias emociones y cómo nos afectan.
- La autorregulación. Esta se refiere también a la observación de uno mismo desde un punto de vista emocional, o, en otras palabras, la capacidad para regular las emociones. Aquí entra en juego lo que se conoce como autocontrol, lo cual es la capacidad de autorregular nuestra conducta ante determinadas circunstancias.
- Motivación. Esto se relaciona con las metas y con la voluntad de conseguir los objetivos propuestos. La resiliencia es un elemento clave en este ítem, ya que en el camino a la consecución del logro aparecen obstáculos.
- Empatía. En este elemento encontramos el reconocer las necesidades de los demás mejorando el bienestar de las personas que hay alrededor. En otras palabras, es saber ponernos en el lugar de otras personas y reconocer sus emociones.
- Habilidades sociales. Es la capacidad que tiene el sujeto de relacionarse con los demás, fomentando cercanía, confianza, respeto o humor. Es un elemento fundamental para interaccionar en la sociedad, y es fundamental, por ejemplo, en el caso de los líderes.

Como ya podemos deducir, estas habilidades son muy importantes en la vida de las personas, tal es así, que para Cooper y Sawaf (1997), enfocando esta habilidad al liderazgo, comentan que a medida que las personas incrementan su inteligencia emocional desarrollan también su intuición, la disposición de confiar en los otros e inspirar confianza.

Con respecto al modo de trabajo en el aula, Hong y Luo (2021) plantean un trabajo personalizado, es decir, por un lado, los discentes con mayor predisposición emocional, y por otro, aquellos más reticentes al trabajo de las emociones. Lo importante es establecer una metodología que fomente el interés por las emociones.

Como vemos, el aspecto emocional en el aula puede ser una herramienta de gran valor en la formación integral de las personas. En el siguiente apartado veremos desde qué enfoques pueden emplearse las emociones en el contexto educativo.

2.2. Música y emociones en la enseñanza musical

La música es emocional por naturaleza, por eso, establecer un puente entre este parámetro y las emociones debería antojarse como algo natural. Balsera y Gallego (2010) plantean, a partir de las habilidades comentadas por Goleman (1996), una extrapolación al ámbito musical. Estas habilidades son, entre otras, la confianza, la intencionalidad, el autocontrol, la capacidad de relación y de comunicar, y la cooperación en actividades grupales. Por ejemplo, cuando se interpreta una obra, el autocontrol es importante, así como la capacidad de comunicar ideas musicales y sentimientos de la música. A partir de estos conceptos, podríamos aplicar estos elementos en el aula del siguiente modo:

- Potenciando la confianza y seguridad en uno mismo. Destacamos la importancia de creer en uno mismo a la hora de aprender música, los alumnos se sienten competentes cuando realizan una interpretación musical. El estudiantado debe perder el miedo a equivocarse, ver el error como algo positivo y como una oportunidad de aprendizaje.
- Fomentando la curiosidad. El descubrimiento de nuevos conceptos debe ser siempre algo dinámico, de este modo, los aprendizajes deben desarrollarse del modo más significativo posible. Para ello, entran en juego diversos factores, como, por ejemplo, los conocimientos previos musicales y la funcionalidad de lo aprendido, es decir, para qué sirve lo que se aprende.
- Mejorando su atención y estimulando la motivación. Estos ítems son vitales, ya que, sin atención o motivación se hace complicado el aprendizaje por medio de las emociones. Una contribución importante que puede favorecer la atención

y motivación es la aplicación de las TIC, su utilización para el desarrollo auditivo es una herramienta útil para lograr que vivan el proceso de aprendizaje con entusiasmo. Además, es una herramienta que está siendo empleada para el aprendizaje significativo (García- Valcárcel y Tejedor, 2017) y desarrollo de la inteligencia emocional. Sobre esto último, Bermúdez (2016) plantea una intervención de 4 sesiones en donde se trabaja el parámetro emocional en situaciones cotidianas, trabajos conceptuales, etc. Lo mismo ocurre en Sangrador (2019), quien, a partir de actividades de diversa índole empleando las TIC, propone trabajar la autoconciencia, confianza o el control del estrés.

- Aprendiendo autocontrol. Se trata de regular su propia conducta, controlar la ansiedad en las representaciones públicas grupales e individuales.
- Empatizando con los compañeros. La clase de Lenguaje Musical es una clase grupal, en ella se realizan algunas actividades conjuntas, como el trabajo de entonación, donde juntos cantarán con acompañamiento de piano diversas lecciones, incluyendo cantos a dos y tres voces y otras actividades similares. Es en este tipo de cooperaciones donde se deben armonizar las necesidades personales con las del grupo.
- Impulsando la capacidad para comunicar. Intercambiar las ideas es una tarea de vital importancia en esta propuesta. Hablamos de un trabajo desde un enfoque tanto verbal como musical, así como sentimientos y conceptos con otras personas.

2.2.2 Factores presentes a la hora de trabajar las emociones

El papel del profesorado es fundamental, ya que debe actuar en todo momento como guía y mediador. Otro factor determinante en el proceso de aprendizaje será el clima que del aula, pues un clima positivo favorecerá los aprendizajes. Además, antes de realizar cualquier actividad vocal, realizaremos actividades de relajación, conciencia corporal y control de la respiración, ya que el estado físico repercute en el emocional (Lehrer, 2012). Y, por último, tendremos presente el movimiento, pues un ejercicio dirigido puede cambiar el estado físico del estudiantado y, por tanto, el emocional.

3. Propuesta didáctica para incluir las emociones en el aula de Lenguaje Musical

3.1. Justificación

La siguiente propuesta didáctica está planteada para el primer curso de Enseñanzas Elementales de Música, está relacionada con los objetivos, contenidos y criterios de evaluación que aparecen en el DECRETO 198 /2007, de 27 de septiembre, por el que se establece la ordenación del grado elemental de las enseñanzas de régimen especial de música en la Comunidad Autónoma de Galicia. La siguiente propuesta didáctica está planteada para el primer curso de Enseñanzas Elementales de Música, está relacionada con los objetivos, contenidos y criterios de evaluación que aparecen en el mencionado decreto.

Una de las finalidades principales de la docencia de Lenguaje Musical es la del desarrollo de las capacidades vocales, rítmicas, auditivas y expresivas en el alumnado; a través de estas herramientas, será capaz de interpretar, reproducir, improvisar, crear y expresarse musicalmente.

3.2. Objetivo de la propuesta

El objetivo principal de esta propuesta es desarrollar una serie de actividades teniendo en cuenta ciertos elementos vinculados a la inteligencia emocional en el aula de música, y, en concreto, en la asignatura de Lenguaje Musical.

3.3. Metodología empleada

Como docentes tendremos en cuenta la singularidad de cada estudiante, el rol docente cambia y ya no será un mero transmisor de conocimientos, sino que se convertirá en guía, mediador y elemento motivador en este proceso de enseñanza-aprendizaje. Se encargará de fomentar la curiosidad, promoviendo el interés en sus alumnos y alumnas, y mejorando su atención. De un modo más concreto, presentamos a continuación los diferentes apartados en los que se divide la materia y cómo llevaremos a cabo este trabajo:

- Ritmo: presentaremos los nuevos elementos rítmicos mediante la imitación y el descubrimiento, interiorizaremos estos elementos mediante diferentes actividades como pueden ser lecturas rítmicas, aplicación de *ostinati* a melodías, cánones rítmicos o pequeñas improvisaciones, y, posteriormente, trabajaremos su reconocimiento auditivo.
- Entonación consciente: la entonación es un trabajo fundamental para interiorizar los diferentes sonidos, y, este trabajo va a repercutir de manera directa en el ámbito auditivo, por tanto, los ejercicios de entonación deberán ser variados. Primeramente, realizaremos ejercicios previos de respiración, relajación y calentamiento, trabajaremos escalas, entonaciones a capela y con acompañamiento de piano, piezas folclóricas, fragmentos de obras clásicas adaptadas a la voz, y también la práctica de la interválica pura, trabajando de esta forma la entonación consciente y desarrollando el oído interno. El trabajo polifónico

se puede incluir a través de cánones y melodías a dos voces para contribuir de esta manera a desarrollar el oído armónico.

- Audición: la propuesta partirá siempre de una audición musical activa, plantearemos actividades de reconocimiento auditivo de compases, tonalidades, fragmentos rítmicos, intervalos melódicos y armónicos, etc. Es interesante que estos ejercicios sean planteados siempre después de realizar el trabajo de entonación. Por supuesto, añadimos a este trabajo la realización de dictados rítmico-melódicos, dictados de errores, dictados tímbricos a una voz, etc.
- Teoría desde la práctica: pretendemos que el alumnado interiorice los contenidos a través de una propuesta de ejercicios prácticos, de esta manera, conseguiremos que se produzcan aprendizajes significativos.

3.4. Actividades

3.4.1 Apartado rítmico

- Juego de imitación rítmica. Esta actividad se realizará de manera individual, el profesor realizará diferentes ritmos en cuatro pulsos empleando percusiones corporales. Con esta actividad promovemos en el estudiantado la atención, ya que su objetivo será escuchar e imitar el fragmento. Les invitaremos a que presten atención en los fragmentos y se les preguntará qué tipo de dificultades encontraron en este proceso con respecto a ellos mismos, si se desconcentraron o si su atención fue plena y qué cosas podemos hacer para mejorarlo. Recordemos que la atención es un elemento indispensable para el desarrollo de la inteligencia emocional.
- Descubrimos la figura nueva y realizamos lecturas rítmicas. Esta es una actividad en la que desarrollaremos la escucha activa, los estudiantes deberán percibir en un pequeño fragmento rítmico percutido cuál es la figura intrusa, es decir, cuál es la nueva figura rítmica que vamos a aprender. Después de identificar cuál es, veremos su representación gráfica. El descubrimiento es un elemento indispensable en el desarrollo de la IE, ya que fomenta el interés y la curiosidad, elementos clave en la IE (Acevedo y Murcia, 2017). *A posteriori*, se les hablará de la importancia de ser curiosos e interesados en las actividades musicales, para poder así reforzar la responsabilidad de su propio aprendizaje.

Al realizarse en grupo, potenciamos en el estudiantado la confianza y la seguridad en sí mismos, el grupo hace que nos sintamos respaldados y nos aporta seguridad, estando también más relajados. Al mismo tiempo, trabajamos el autocontrol porque aprendemos a empastar con el grupo y regular su propia conducta. Daremos paso a una reflexión en torno a la autoconfianza y autocontrol, les haremos partícipes de estas reflexiones motivando a que el alumnado sea seguro de sí mismo.

Por último, hacemos que empaticen mutuamente y se sientan parte de un todo, impulsando de esta manera la capacidad de comunicarse entre ellos. El sentido de grupo y todo lo que ello conlleva —la humildad, solidaridad, apoyo mutuo— será trabajado por el alumnado por medio de este tipo de actividades, ayudando al más débil y en algunos casos formando pequeños grupos de trabajo. Estos principios serán discutidos en la clase.

3.4.2 Apartado de entonación

- La canción. Este es un recurso didáctico muy útil, ya que reúne un gran número de elementos musicales, a saber, ritmo, melodía, matices, armonía y forma. Según el contenido que queramos trabajar la podemos usar de distintas maneras. Debemos tener en cuenta que toda canción lleva implícito un ritmo y unos acentos periódicos que iremos descubriendo y que darán pie al compás. Por otro lado, la melodía también forma parte de la canción y nos servirá para el aprendizaje de nuevos sonidos, tonalidades, etc.
  En esta actividad, el alumnado aprenderá una nueva canción con letra, se acompañará con piano, al cantar les pediremos que identifiquen el pulso, y para ello, podrán marchar por el aula a la velocidad del pulso e ir marcando ese pulso con palmadas. El aprendizaje de la canción se realizará de memoria, percibiendo al mismo tiempo el pulso, el acento periódico, el ritmo de la canción y un nuevo sonido, la nota do5. Una vez aprendida con letra la canción y vivenciado en el aula, descubrirán cuál es el sonido nuevo, por ejemplo, podemos pedirles que escuchen atentamente la canción y cuando crean que hay un sonido nuevo se levanten de su silla. Por último, pasaremos a escribir entre todos y todas en la pizarra la partitura y la entonaremos con notas, trabajando de este modo el empaste y el sentido de grupo.
- Los matices. Continuaremos con la canción anterior, pero esta vez aplicaremos diferentes matices, en este caso, aprenderemos a usar los matices de *f* (*forte*) y *p* (*piano*). Relacionaremos ambas dinámicas con las emociones ligadas a cada uno de estos elementos, por ejemplo, el *forte* para la tensión o la energía y el *piano* para la tranquilidad y serenidad.
- Entonación a dos voces. Trabajaremos la misma canción incluyendo una segunda voz, el trabajo a dos voces es bueno para que aprendan a empastar con

el grupo y a escucharse unos a otros. Se abrirá una reflexión a la importancia de entender y escuchar al otro cuando hacemos música de manera conjunta.

- Pequeñas improvisaciones melódicas. Este trabajo se realizará de manera individual, se les planteará a los alumnos una pregunta musical a la que tendrán que dar respuesta improvisando vocalmente.

Como ya veníamos comentando desde el inicio, la música, al ser un arte emocional, tiene el poder de cambiar nuestro estado de ánimo. En este caso, la canción seleccionada se encuentra en una tonalidad mayor y tiene un *tempo* rápido, lo habitual y mayoritario es que los alumnos experimenten alegría, pero podemos encontrar lo contrario y sería igualmente válido. No obstante, la música nos ayuda a expresar nuestros sentimientos y favorecerá esa conexión con las emociones. El trabajo en modalidad menor, la cual podríamos trabajar en otros ejercicios, servirá para reconocer distintas naturalezas en cuanto a expresión emocional se refiere. Además, la canción ha demostrado ser muy útil en la educación emocional, tal y como plantean García-Rincón y del Barco (2012). En esta actividad, se abrirá siempre un apartado en donde se discuta el significado emocional de la pieza.

3.4.3 Apartado auditivo

- Señalar errores en una serie de 10 sonidos. Los sonidos de esta propuesta son los que hemos trabajado en el aula. El alumnado tendrá una secuencia de sonidos, pero en ella hay 5 notas erróneas, su misión será descubrir cuáles son esas notas y escribir correctamente la serie; este trabajo se realizará de manera individual. Una tarea similar para poder realizar de manera grupal será repartir a los alumnos las notas de la propuesta en tarjetas individuales, cada nota una tarjeta, y ellos tendrán que ordenarlas.
- Seleccionar figuras rítmicas en el orden que suenan. En esta actividad comprobaremos si nuestro alumnado reconoce auditivamente las nuevas figuras rítmicas que estamos aprendiendo (Figura 1). El alumno tendrá que escuchar el audio e ir arrastrando cada figura en el orden que suena, después podrá comprobar si el orden es correcto o no, en caso de ser incorrecto la actividad se puede volver a hacer.

- Completar un fragmento melódico-rítmico. Con las figuras rítmicas que conocemos hasta el momento (negra, dos corcheas, silencio de negra, cuatro semicorcheas) los alumnos tendrán que escuchar atentamente el fragmento y rellenar los compases vacíos.

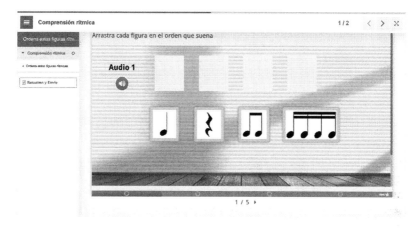

Fig. 1. Arrastrar figuras en el orden que suena
Nota. Elaboración propia

- Dictado melódico-rítmico de 8 compases. Este dictado será tímbrico y se realizará de manera individual, con el dictado comprobaremos si el alumno ha interiorizado todos los contenidos rítmicos y melódicos de esta unidad.

En estas actividades propuestas se dará importancia a la confianza, interés, autocontrol, seguridad en uno mismo y atención, ya que hay que decidir, motivarse para la correcta realización, escuchar y pensar, etc. Por ejemplo, con una respuesta correcta el alumno comprueba lo aprendido, y, por tanto, mejora su seguridad. Por supuesto, se debe aprender del error de un modo constructivo. La parte docente debe fomentar estas habilidades por medio de las preguntas, reflexiones, ambiente de confianza, etc.

3.4.4 Apartado teórico

El aprendizaje de los contenidos teóricos se llevará a cabo siempre de manera procedimental, es decir, mediante actividades prácticas, y evitaremos en todo momento enseñar los contenidos de manera conceptual. Para ello, aparte de ejercicios escritos — que no deben faltar porque es importante que practiquen la escritura musical desde los comienzos— emplearemos a modo de complemento actividades interactivas. Numerosos estudios demuestran que el uso de herramientas digitales hace más ameno y atractivo el aprendizaje, gracias a estos recursos TIC los alumnos se involucran, motivan y se divierten aprendiendo (Amores y De Casas, 2019). En esta línea, existe un número importante de herramientas

Fig. 2. Arrastrar figuras en el orden que suena
Nota. Elaboración propia

que podemos usar para crear nuestros propios materiales musicales, por ejemplo: Wordwall, Educandy, Learning Apps, Liveworksheets, Kahoot, Genially, actividades en H5P, Cerebriti, Educaplay o Ardora. En este Quiz Bomba (Figura 2) se tiene que responder correctamente y evitar que la bomba explote.

4. Conclusiones

A través de nuestra propuesta, se ha planteado un trabajo musical, donde, además de la materia en cuestión, se tiene muy en cuenta el trabajo de las emociones. En esta propuesta se desgranan las diferentes vertientes del lenguaje musical para poder trabajar con un orden preestablecido. En cada uno de estos apartados, las emociones han estado presentes de un modo u otro.

En la primera actividad, hemos puesto la atención como elemento a trabajar, sugiriendo distintas reflexiones entre alumnos. En las actividades subsiguientes se ha puesto de relieve el interés y la curiosidad, infiriendo a través de distintas reflexiones la importancia de ambos ítems e invitando a la introspección. En otro tipo de actividades se ha trabajado la confianza y seguridad del alumnado, tal y como ocurre en el apartado rítmico o incluso en el auditivo, ya que, sin estos elementos, estaríamos prescindiendo de una pata importante de las emociones. De igual modo, la capacidad de comunicarnos y de entender a los demás es importante, por eso, en el apartado de entonación es fundamental escuchar y entender el papel de cada uno.

Además de todo lo anterior, la música, como ya sabemos, es emocional por naturaleza, por lo que es sencillo trabajar ciertas emociones básicas con el significado de lo que se escucha. Por eso, y en nuestro caso con la canción, se ha propuesto un trabajo perceptual y cognitivo, donde el alumno puede expresar lo que para él o ella la música expresa. Se han propuesto parámetros con un grado de universalidad elevada como los matices, pero también, deja abierta la posibilidad de trabajar el modo mayor y menor, además del *tempo* rápido y lento.

Con todo, esta propuesta abre la puerta al trabajo emocional en la educación musical del conservatorio. No debemos perder de vista el sentido de la pedagogía, la cual, no solo tiene como única finalidad aprender una serie de conceptos, procedimientos o destrezas específicas, sino también fijarnos en el proceso de esa adquisición, dejando de este modo una serie de herramientas y competencias que ayuden al alumnado a ser mejores aprendientes y personas.

Referencias

Acevedo, A. F., y Murcia, A. (2017). La inteligencia emocional y el proceso de aprendizaje de estudiantes de quinto de primaria en una Institución Educativa Departamental Nacionalizada. *El Ágora USB, 17*(2), 545–555. https://doi.org/10.21500/16578031.3290

Amores, A. y De Casas, P. (2019). El uso de las TIC como herramienta de motivación para alumnos de enseñanza secundaria obligatoria estudio de caso español. *Hamut´ay, 6*(3), 37–49. http://dx.doi.org/10.21503/hamu.v6i3.1845

Antolín, B. y Santoro, C. (2016). *Inteligencia emocional y TIC en Educación Infantil.* En I Congreso Internacional de Innovación y Tecnología Educativa en Educación Infantil. Sevilla, España. https://idus.us.es/handle/11441/43692

Bermúdez, J. (2016). El desarrollo de la inteligencia emocional a través de las TIC. *Actas del IV Congreso Internacional de Investigación e Innovación en Educación Infantil y Primaria.*
https://digitum.um.es/digitum/handle/10201/87046

Blanco, M. A. y Blanco, M. E. (2021). Bienestar emocional y aprendizaje significativo a través de las TIC en tiempos de pandemia. *CIENCIA UNEMI, 14*(36), 21–33. https://doi.org/10.29076/issn.2528-7737vol14iss36.2021pp21-33p

Cooper, R y Sawaf, A. (1997). *La Inteligencia Emocional Aplicada al Liderazgo y a las Organizaciones.* Norma.

DECRETO 198/2007, de 27 de septiembre, por el que se establece la ordenación del grado elemental de las enseñanzas de régimen especial de música. *Diario*

Oficial de Galicia, 207. 25 de octubre del 2007 https://www.xunta.gal/dog/Pub
licados/2007/20071025/Anuncio4965A_es.html

García-Rincón, C., y del Barco, C. (2012). "Clave de Solidaridad". Canciones
infantiles para educar la inteligencia emocional, prosocial y musical. *Padres y
Maestros / Journal of Parents and Teachers, 346*, 31–34. https://revistas.comil
las.edu/index.php/padresymaestros/article/view/559

García-Valcárcel, A., Muñoz-Repiso, A. y Tejedor, F. (2017). Percepción de los
estudiantes y el valor de las TIC en sus estrategias de aprendizaje y su relación
con el rendimiento. *Educación XXI, 20*(2), 137–159. http://revistas.uned.es/
index.php/educacionXX1/article/view/19035

García-Valcárcel, A., Basilotta, V., López, C. (2014). Las TIC en el aprendizaje
colaborativo en el aula de Primaria y Secundaria. *Comunicar, 42*(21), 65-74.
https://doi.org/10.3916/C42-2014-06

Goleman, D. (1996). *Inteligencia emocional*. Kairós.

Hong, H., y Luo, W. (2021). The method of emotional education in music teaching. *The International Journal of Electrical Engineering y Education*. Online
first. https://doi.org/10.1177/0020720920983559

Lehrer, K. (2012). *Art, Self and Knowledge*. Oxford University Press. https://doi.
org/10.1093/acprof:oso/9780195304985.001.0001

Sangrador, J. (2019). *Actividades de aula para el desarrollo de la Inteligencia
Emocional mediante TIC* [Trabajo Fin de Máster]. Universidad de Valladolid.
https://core.ac.uk/download/pdf/250406586.pdf

Tizón, M. (2017). Enculturación, música y emociones. *RECIEM. Revista Electrónica Complutense de Investigación y Educación Musical, 14*, 187–21. https://
revistas.ucm.es/index.php/RECI/article/view/52430/52012

José Agustín Candisano Mera[1] y Carmen Franco-Vázquez[2]

Educación somática en los planes de estudio de Piano en España

Resumen: La educación somática está formada por una serie de propuestas pedagógicas que privilegian la vivencia corporal como una totalidad que interactúa con el medio. Estos planteamientos se caracterizan por otorgar un espacio propio a los procesos individuales, la enseñanza no imitativa, el trabajo lento del movimiento para la emergencia de nuevas posibilidades y la organización de la persona de forma más eficiente en relación con la gravedad. Mediante un estudio documental se analiza la presencia de la educación corporal y los contenidos específicos relacionados en los estudios pianísticos de conservatorio. Se constata la falta de presencia de asignaturas de formación corporal de forma generalizada y una visión mecanicista de la técnica pianística. Dado los beneficios que la educación somática aporta a la organización del movimiento y la exigencia de la práctica profesional, se considera fundamental que el profesorado de piano tenga acceso a este tipo de educación.

Palabras clave: Educación somática, formación del profesorado, músicos, cuerpo.

1 Introducción

La pedagogía pianística, al igual que otras áreas del conocimiento, presenta dos tendencias básicas a lo largo de su historia: por un lado, un enfoque mecanicista que considera que realizando determinadas acciones se obtienen determinados resultados y, por otro, un enfoque de carácter holístico que tiende a considerar las situaciones en su totalidad. El nacimiento de la primera orientación puede ubicarse en el Iluminismo con la idea de que las partes que componen algo son iguales al todo que conforman, mientras que la segunda sostiene que el todo no es la suma de las partes, enfoque que adquiere un gran impulso a partir del Romanticismo (Laor, 2016). Estas dos tendencias, la mecanicista y la holística, pueden encontrarse en otros campos científicos, tal como sostiene Laughlin (2007) con respecto a la física: "existen dos impulsos básicos en la mente humana: el de simplificar algo descomponiéndolo en sus partes fundamentales y el de ver las implicaciones generales de las situaciones más allá de los componentes" (p. 11). Ejemplos de esa visión mecanicista los encontramos en los ejercicios técnicos o métodos que se difunden a comienzos del siglo XIX, cuando el

---

1   Universidade de Santiago de Compostela.
2   Universidade de Santiago de Compostela.

piano se consagra como el instrumento preferido de la clase burguesa (Parakilas, 1999). En la segunda mitad del siglo XIX comienzan a surgir diversos tratados que indagan con mayor ahínco en las bases fisiológicas de la técnica pianística y se incluyen en ellos aspectos como la relajación, la acción del brazo o las sensaciones corporales. Son propuestas de un eminente carácter integrador, como las de Marie Jaell (Benoit et al., 2010), Ludwig Deppe (Caland, 1903), o Rudolf Breithaupt (Breithaupt, 1909). Se debe a este último, en gran medida y de forma significativa, muchos de los conceptos de la técnica pianística en circulación en las instituciones educativas, como son los del peso del brazo, la rotación y sus diferentes combinatorias (Chiantore, 2001). Debe tenerse en cuenta que la interpretación del término 'técnica' aplicado al teclado ha sufrido numerosos cambios a lo largo de los siglos (Gerig, 2007).

Los trabajos sobre técnica pianística que se centran en los aspectos biomecánicos de la postura y los movimientos al tocar, escritos a lo largo del siglo XX, son abundantes. En los casos en que se fundamentan en conocimientos anatómicos y médicos resultan de una gran utilidad, ya que "la investigación cinética y cinemática ayuda a la comprensión de la tolerancia de los tejidos, la carga musculoesquelética, la postura y finalmente a la prevención de mecanismos específicos de lesiones" (Dommerholt, 2000, p. 400). Desde los postulados de la educación somática, Fraser (2018) ha incluido recientemente la perspectiva de la biotensegridad, enfoque relativamente novedoso en el campo de las ciencias del movimiento humano. A menudo los distintos enfoques plantean diferencias significativas entre sí y se confrontan con los planteamientos que históricamente se han realizado sobre técnica pianística (Gerig, 2007).

Paralelamente a los cambios que se observan en la enseñanza del piano, a partir de mediados del siglo XIX surgen diferentes propuestas pedagógicas relacionadas con el uso y la vivencia del cuerpo. Al abandonar la práctica de la coreografía, muy presente especialmente en el Renacimiento y el Barroco, los músicos fueron perdiendo la riqueza que aportaba el vínculo música-danza a través del movimiento. A comienzos del siglo XX, el pedagogo musical suizo Emile Jaques-Dalcroze (1865–1950) entendió que el movimiento corporal era fundamental en la enseñanza musical y lo reintrodujo en su propuesta educativa. En otros ámbitos, como son los de la danza, el teatro o el deporte, F. M. Alexander (1869–1955), Elsa Gindler (1885–1961), Gerda Alexander (1908–1994) o Moshe Feldenkrais (1904–1984) desarrollaron diferentes técnicas de trabajo corporal, que en la actualidad se ubican bajo la amplia denominación de educación somática. Una de las causas del nacimiento de las propuestas de educación somática en Occidente fue la exploración personal del movimiento por parte de sus creadores con el fin de encontrar caminos alternativos para enfrentarse a las enfermedades y/o limitaciones que atravesaron en su trayectoria vital (Eddy, 2017).

En este capítulo, después de una breve aproximación al concepto de educación somática, se indaga en la formación relacionada con el cuerpo que reciben o han recibido los estudiantes de los conservatorios superiores de música en España y qué materias se han ofertado en los diferentes planes de estudio. Partiendo de estas necesidades de conocimiento de carácter investigador, los objetivos de este estudio fueron explorar el marco legislativo de la educación somática en la formación del profesorado de piano a lo largo de los siglos XX y XXI. Este trabajo forma parte de la tesis doctoral "La Educación Somática en la formación del profesorado de Piano" (Candisano, 2020), que también identificó las prácticas docentes de los profesores que impartían materias relacionadas con la educación somática.

2 Aproximación al concepto de educación somática

Por educación somática entendemos los procesos corporales, mentales y afectivos que vive el cuerpo en su relación con el medio en el que existe y actúa (Brodie y Lobel, 2012). El trabajo se realiza a través de exploraciones idiosincráticas del movimiento, es decir, elaboradas *ad hoc* para tal fin, en las que se explora la organización corporal en relación con la gravedad, la relación entre sí de las diferentes partes corporales, la respiración en sus diferentes posibilidades, la realización del movimiento con el mínimo esfuerzo y la máxima reversibilidad sin esfuerzo (Coogan, 2016). El término somático deriva del griego *somatikos* que significa "la persona viviente, consciente y corporal" (Strozzi-Heckler, 2014, p. 31). Este concepto adquirió diferentes significados a lo largo de la historia. El filósofo americano Thomas Hanna (1972) retoma este concepto para referirse al *soma* como "yo, el ser corporal" (p. 45) y desde entonces este término es utilizado junto con la palabra educación para designar la exploración del yo corporeizado e integrado, de las experiencias, de la estructura y de la organización funcional del cuerpo.

Encontramos diferentes aproximaciones que comparten su interés por el movimiento y los patrones o hábitos de este que realiza un individuo (Brodie y Lobel, 2012; Coogan, 2016; Knaster, 1996). En sentido estricto la educación somática se refiere a las modalidades pedagógicas no imitativas surgidas en Occidente. En la Tabla 1 incluimos las principales orientaciones que pueden englobarse bajo esta denominación, sin buscar ser exhaustivos. En ella incluimos las de origen oriental por las características comunes que tienen con las metodologías occidentales de educación somática, aunque incorporan el aprendizaje

Tabla 1. Principales orientaciones de la educación somática

	EDUCACIÓN SOMÁTICA	
DE TRADICIÓN ORIENTAL	CON ORIGEN EN LA DANZA	OCCIDENTAL
Aikido	Action Theatre	Body Mind Centering
Chi Kung	Contact Improvisation	Eutonía
Kinomichi	Ideokinesis	Integración postural
Qigong	Laban Movement Analysis	Método Anat Baniel
Reiki		Método Feldrenkrais
Tai chi		Método Rosen
Yoga		Método Trager
		Rolfing
		Sistema Mensendieck
		Técnica Alexander

modélico como una de sus técnicas pedagógicas (Candisano, 2020). A pesar de la gran variedad de aproximaciones, todas estas orientaciones tienen como fundamento el "deseo de recuperar una conexión íntima con los procesos corporales: respiración, impulsos de movimiento, equilibrio y sensibilidad" (Johnson, 1995, p. xvi).

Algunos aspectos comunes de estas prácticas son (Coogan, 2016; Eddy, 2017):

- La ralentización de los movimientos con el objetivo de promover una atención consciente de los mismos y el máximo efecto en el sistema nervioso.
- La exploración del movimiento y la organización funcional del cuerpo.
- La concienciación de la relación cuerpo-fuerzas gravitatorias.
- La liberación de la respiración sin prescribir una única forma correcta para su realización.
- El autoconocimiento y el desarrollo de las posibilidades corporales.
- La potenciación de acciones más sensibles y la economía del movimiento.

La práctica intensiva de un instrumento musical necesita de un profundo conocimiento del cuerpo y su relación con el instrumento, ya que el resultado sonoro depende de la organización corporal. Teniendo en cuenta la cantidad de horas necesarias para alcanzar un nivel profesional como músico, podemos apreciar las exigencias que estas prácticas demandan del cuerpo no solo a nivel físico sino también psicológico. La educación somática permite un contacto profundo con la propia realidad corporal, favoreciendo una homeostasis adecuada. Un trabajo corporal continuado y consciente puede ser crucial en la prevención de lesiones y en su superación si las hubiera, propiciando el conocimiento profundo de los propios movimientos y sus recursos, colaborando en la prevención del estrés. Comprender el funcionamiento corporal, la consciencia de los procesos vividos, de los movimientos que intervienen en la ejecución, de la respiración y de los propios hábitos ayuda a la autorregulación del músico en su afán por alcanzar su máximo potencial (Dommerholt, 2000; Winspur, 2018).

Si bien los enfoques somáticos pueden carecer de una perspectiva médica exhaustiva en sus planteamientos originales, no buscan sustituir el tratamiento médico, y pueden enriquecerlo, además de que desde un tiempo a esta parte se reconocen los beneficios que aportan en caso de dificultades al tocar (Watson, 2018). Aunque no tenemos estudios extensivos y contrastados de los efectos de las técnicas de educación somática, sí existe una abundante información sobre sus efectos en casos individuales. Fogel (2009) ha reunido conocimientos científicos significativos sobre los efectos del trabajo somático en las personas.

3 Método

En este trabajo se analizan cuatro planes de estudio de enseñanzas musicales con el fin de identificar la formación corporal ofertada en los conservatorios superiores de música en España. Partiendo de un análisis documental obtuvimos datos cualitativos significativos de documentos completos oficiales, que nos permiten acercarnos a la evolución histórica y a determinados conceptos educativos (McMillan y Schumacher, 2001), favoreciendo, en este caso, la comprensión del tratamiento de los contenidos corporales a lo largo de estos dos últimos siglos. Hemos seguido las etapas básicas enumeradas por Massot, Dorio y Sabariego (2019) que se corresponden con la búsqueda, identificación, clasificación y selección de los documentos, su lectura detallada y, posteriormente, su lectura comparativa.

Además, el análisis temático (Nowell, Norris, White y Moules, 2017) nos ha permitido identificar dos categorías principales relacionadas con conceptos referidos al cuerpo en el Plan LOE: la primera, relativa a las percepciones del estudiantado y la segunda, con el uso del cuerpo. En el primer caso, se incluyen los siguientes conceptos: la imagen ajustada y la valoración del cuerpo y de la mente; en el segundo caso, el peso del brazo y ataques, el esfuerzo muscular, la coordinación y uso corporal, la ejecución, la respiración y relajación. Por último, también se analizan los itinerarios.

Tabla 2. Asignaturas relacionadas con el cuerpo en los diferentes planes de estudio

PLANES DE ESTUDIO	ASIGNATURA
PLAN 1942	Higiene práctica y fisiología de la voz
	Coreografía clásica y folklórica española
PLAN 1966	Ninguna referencia
PLAN LOGSE	Técnica corporal (Canto) Movimiento
	(Pedagogía)
PLAN LOE	Obligatorias (en algunas comunidades) y
	posibilidad a través de Optativas

4 Descripción y análisis de resultados

El análisis de los diferentes planes de estudio que regulan las enseñanzas musicales regladas refleja que no siempre se han incluido en ellos contenidos relacionados con el cuerpo y/o la educación somática (Tabla 2). El conocido como Plan 1942 (Decreto de 15 de junio de 1942 sobre organización de los conservatorios de música y declamación) no incluyó más que dos asignaturas: *Higiene práctica y Fisiología de la voz* y *Coreografía clásica y folklórica española* dentro del subapartado de clases especiales. Por su parte, en el Plan 1966 (Decreto 2618/1966, de 10 de septiembre, sobre Reglamentación general de los conservatorios de música) no encontramos mención alguna a cursos de formación corporal. Con la LOGSE, plan que introduce importantes modificaciones en las enseñanzas musicales, las especialidades de Canto y Pedagogía son las únicas que cuentan con asignaturas específicas relacionadas con el cuerpo: *Técnica Corporal* y *Movimiento*, respectivamente (Real Decreto 617/1995, de 21 de abril, por el que se establece los aspectos básicos del currículo del grado superior de las enseñanzas de música y se regula la prueba de acceso a estos estudios).

Es a partir de la LOE cuando se incorporan en el grado superior asignaturas relacionadas con la educación somática, siendo la oferta muy dispar. En algunos casos se incluyen en los propios decretos de las comunidades autónomas como obligatorias y en otros son materias ofertadas por los centros (Tabla 3). Algunos decretos promulgados por las comunidades autónomas incluyeron asignaturas optativas en el plan LOGSE. Por ejemplo, el Decreto 331/1994 que establece la ordenación de las enseñanzas musicales del grado medio en Cataluña incluyó en su plan de estudios la asignatura optativa Educación Corporal para Instrumentistas (Casablancas i Domingo et al., 1996). Aunque en los planes de estudio anteriores a la LOE no encontramos un espacio propio para la educación somática en la formación de los instrumentistas (salvo casos puntuales), es cierto

Tabla 3. Ejemplos de denominaciones de materias relacionadas con el cuerpo

MATERIAS OBLIGATORIAS	MATERIAS OPTATIVAS
Concienciación corporal y autocontrol	Aplicación de las técnicas del movimiento
Ergonomía y prevención de lesiones	Control de la ansiedad escénica
Formación corporal y comunicación	Danzas históricas
Fundamentos de la práctica interpretativa	Danzas y músicas en el mundo
Técnica Alexander	El músic i el seu cos
Técnica (o técnicas) corporales	Ergonomía
Técnica corporal y movimiento	Ergonomía pianística
Técnica de control emocional y corporal	Expresión y técnica corporal
Técnica y educación postural	Ergonomía y técnica postural
Técnicas de autocontrol psicofísico	Música, danza y creación escénica
Técnicas de concentración	Pilates para músicos
	Recursos del cuerpo humano en la práctica musical
	Salud y enfermedad en el músico profesional
	Técnica Alexander
	Técnica corporal
	Técnicas corporales y presencia escénica

que los claustros docentes organizaron, en muchos casos, cursos específicos para completar la formación de sus estudiantes. Nos consta la organización de cursos de Técnica Alexander, Eutonía y Música, y Yoga en diferentes centros del estado español durante la vigencia del plan de 1966.

En cuanto al análisis de los diferentes conceptos relacionados con el cuerpo, se ha estudiado el marco legislativo del Plan LOE, Grado Profesional. En el Grado Superior, como hemos mencionado anteriormente, se incorporan ya asignaturas específicas de educación somática. El artículo 3 del Real Decreto 1577/2006 especifica los objetivos de las enseñanzas profesionales de música que ayudarán al alumnado a desarrollar una serie de capacidades, entre las que figuran: "Formar una imagen ajustada de las posibilidades y características musicales de cada uno (…) Valorar el cuerpo y la mente para utilizar con seguridad la técnica y poder concentrarse en la audición e interpretación" (p. 2854). En este sentido cabe preguntarse cómo se consiguen estos objetivos, ya que el decreto no los concreta. En estos estudios no hay un espacio curricular propio donde se pueda llevar a cabo una exploración profunda que facilite el conocimiento de la propia realidad corporal. Las diferentes orientaciones de la educación somática parten de la autopercepción del sujeto para poner en evidencia las diferencias entre lo percibido y lo que acontece en la realidad, de forma que puedan realizarse los ajustes necesarios. Este conocimiento refinado del propio cuerpo requiere tiempo y un espacio físico propio. En la organización actual, no siempre las clases de instrumento pueden ser el contexto más propicio para esta exploración. Por otra parte, la separación que se propone de cuerpo y mente apunta al dualismo cartesiano planteado por Descartes (Manzano, 2017). Desde la educación somática se propugna una unidad psicofísica, idea que encontramos ya en los trabajos de Elsa Gindler o F.M. Alexander (Geuter, Heller y Weaver, 2010; Maisel, 1995).

En la especialidad de Piano se incluye en el Anexo I del Real Decreto 1577/2006 como objetivo "Aplicar con autonomía progresivamente mayor los conocimientos musicales para solucionar por sí mismo los diversos problemas de ejecución que puedan presentarse relativos a digitación, pedalización, fraseo, dinámica, etc. (…)" (p. 2877). En la práctica este objetivo, si bien resulta comprensible lo que pretende alcanzar, es de difícil consecución ya que las obras aumentan en complejidad, implicando un grado mayor de coordinación y uso corporal. El concepto de autonomía se refiere a la "Condición de quien, para ciertas cosas, no depende de nadie" (Diccionario de la lengua española, 2020, § 2). En el ámbito musical el conocimiento es de carácter espiralado (Gardner, 1995) y se necesita la guía de un docente para abordar los parámetros que se mencionan en diferentes grados de profundidad de forma progresiva.

En relación con los contenidos, se especifica "Estudio en profundidad de la digitación y su problemática: el desarrollo y perfeccionamiento de toda la gama de modos de ataque; la utilización progresivamente mayor del peso del brazo como principal fuente de fuerza y de control de la sonoridad (…)" (R.D. 1577/2006, p. 2877). Desde las diferentes propuestas de educación somática, el peso del brazo no es visto como la principal fuente de fuerza (Fraser, 2011; Hemsy de Gainza y Kesselman, 2003).

En realidad, al hablar de peso del brazo se hace alusión al juego del mismo en relación con la gravedad en la ejecución, que se puede abordar desde múltiples perspectivas y cuyo funcionamiento depende de otros segmentos implicados en la ejecución. Así se pone de manifiesto la necesidad de revisar todas las posturas existentes sobre ciertas concepciones con difusión mayoritaria para poder realizar una elección acertada en el proceso pedagógico (Fraser, 2018; Gerig, 2007; Hemsy de Gainza y Kesselman, 2003).

Por último, en el apartado de criterios de evaluación de los instrumentos se detalla "Utilizar el esfuerzo muscular, la respiración y relajación adecuados a las exigencias de la ejecución instrumental" (R.D. 1577/2006, p. 2878). Como sabemos, la relajación total no es posible al tocar un instrumento, en el que es necesario un cierto grado de tensión muscular. El dominio de los diferentes grados de tensión muscular, la coordinación del movimiento y la respiración forman parte de la formación corporal del músico y de la educación somática (Fraser, 2011; Hemsy de Gainza y Kesselman, 2003; Taylor, 2002). Si tenemos en cuenta que el conocimiento del propio funcionamiento del cuerpo, de su organización funcional, es un proceso largo que requiere mucho tiempo para su desarrollo, entendemos claramente que en la asignatura de instrumento no es posible atender las exigencias que se plantean en el currículo, ya que, además del repertorio, deben abordarse otros contenidos como las audiciones comparadas, práctica de la lectura a vista, etc.

5 Conclusiones

La educación somática constituye un ámbito formativo especialmente idóneo para la mejora de las capacidades performativas de las personas. Esta cualidad le otorga un lugar privilegiado en la formación del músico profesional. A pesar de que no ha tenido un espacio curricular propio hasta tiempos recientes, la gran diversidad de formas para su abordaje evidencia la riqueza de propuestas disponibles. De forma continuada realizan aportes pedagógicos para la enseñanza instrumental que merecen ser conocidos e incorporados, eventualmente, por parte de la comunidad educativa musical.

Referencias

Benoit, M.C., Frénéa, M.C., Grunwald, D., y Polio, C. (2010). *L'Education artistique de la main selon l'enseignement de Marie Jaëll, pianiste et pédagogue*. Symétrie.

Breithaupt, R.M. (1909). *Natural Piano-Technique. Vol. II*. C.F.Kahnt Nachfolger.

Brodie, J.A. y Lobel, E.E. (2012). *Dance and Somatics. Mind-Body Principles of Teaching and Performance*. McFarland & Company, Inc., Publishers.

Caland, E. (1903). *Artistic Piano Playing As Taught By Ludwig Deppe*. The Olympian Publishing.

Candisano Mera, J.A. (2020). *La educación somática en la formación del profesorado de Piano* [Tesis doctoral]. Universidade de Santiago de Compostela.

Casablancas i Domingo, B., Díaz del Bo, Y., Gómez i Margarit, J.I., Llanas i Rich, A. y Vilar i Torrens, J.M. (1996). *Ensenyaments musicals de grau mitjà. I*. Generalitat de Catalunya, Departament d'Ensenyament.

Chiantore, L. (2001). *Historia de la técnica pianística*. Alianza Editorial.

Coogan, J. (2016). Framing The Field of Study. En J. Coogan (Ed.), *Practicing Dance: A Somatic Orientation* (pp. 13–27). Logos Verlag.

Decreto de 15 de junio de 1942 sobre organización de los Conservatorios de Música y Declamación. *Boletín Oficial del Estado*. Madrid, 4 julio 1942, núm. 185, pp. 4838–4840.

Decreto 2618/1966, de 10 de septiembre, sobre Reglamentación general de los Conservatorios de Música. *Boletín Oficial del Estado*. Madrid, 24 octubre 1966, núm. 254, pp. 13381–13387.

Decreto 331/1994, de 29 de septiembre, por el cual se establece la ordenación curricular de las enseñanzas musicales de grado medio y se regula la prueba de acceso. *Diario oficial de la Generalitat de Cataluña*. Barcelona, 28 diciembre 1994, núm. 1990, pp. 8438–8460.

Dommerholt, J. (2000). Posture. En R. Tubiana y P. Camadio (Eds.), *Medical Problems of the Instrumentalist Musician* (pp. 399–419). Martin Dunitz.

Dommerholt, J., Norris, R.N., y Shaheen, M. (1998). Therapeutic Management of the Instrumental Musician. En R.T. Sataloff, A.G. Brandfonbrener, y R.J. Lederman (Eds.), *Performing Arts Medicine* (2ª ed.) (pp. 277–290). Singular Publishing Group.

Eddy, M. (2017). *Mindful Movement. The Evolution of the Somatic Arts and Conscious Action*. Intellect.

Fogel, A. (2009). *The Psychophysiology of Self-Awareness. Rediscovering the Lost Art of Body Sense*. Norton.

Fraser, A. (2018). *Play the Piano with your Whole Self. Awaken Your Inner Conductor with Biotensegrity & Expressively Directed Micro-Timing at the Piano*. Maple Grove Music Productions.

Fraser, A. (2011). *The Craft of Piano Playing* (2ª ed.). The Scarecrow Press, Inc.

Gardner, H. (1995). *Inteligencias Múltiples. La teoría en la práctica*. Paidós Ibérica.

Gerig, R.R. (2007). *Famous Pianists & Their Technique* (2ª ed.). Indiana University Press.

Geuter, U., Heller, M.C. & Weaver, J.O. (2010). Elsa Gindler and her influence on Wilhelm Reich and body psychotherapy. *Body, Movement and Dance in Psychotherapy*, 5(1), 59–73.

Hanna, T. (1972). *La rebelión de los cuerpos*. Plaza & Janés.

Hemsy de Gainza, V. y Kesselman, S. (2003). *Música y eutonía. El cuerpo en estado de arte*. Lumen.

Johnson, D.H. (Ed.) (1995). *Bone, Breath & Gesture. Practices of Embodiment*. North Atlantic Books.

Knaster, M. (1996). *Discovering The Body's Wisdom. A comprehensive guide to more than fifty mind-body practices that can relieve pain, reduce stress, and foster health, spiritual growth, and inner peace*. Bantam Books.

Laor, L. (2016). *Paradigm War. Lessons Learned from 19th Century Piano Pedagogy*. Cambridge Scholars.

Laughlin, R.B. (2007). *Un universo diferente. La reinvención de la física en la edad de la emergencia*. Katz Editores.

Ley Orgánica 2/2006, de 3 de mayo, de Educación. *Boletín Oficial del Estado*. Madrid, 4 mayo 2006, núm. 106, pp. 17158–17207.

Maisel, E. (Comp.) (1995). *La técnica Alexander. El sistema mundialmente reconocido para la coordinación cuerpo-mente*. Paidós.

Manzano, M. (2017). *La philosophie du corps* (4ª ed.). Presses Universitaires de France.

Massot Lafon, I., Dorio Alcaraz, I. y Sabariego Puig, M. (2019). Estrategias de recogida y análisis de la información. En R. Bisquerra Alzina (Coord.), *Metodología de la investigación educativa* (pp. 321–358). La Muralla.

McMillan, J.H. & Schumacher, S. (2001). *Research in Education*. Pearson Education.

Nowell, L.S., Norris, J.M., White, D.E. & Moules, N.J. (2017). Thematic analysis: Striving to meet the trustworthiness criteria. *International Journal of Qualitative Methods, 16*(1), 1–13. https://doi.org/10.1177/1609406917733847

Parakilas, J. (1999). *Piano Roles. Three Hundred Years of Life with the Piano*. Yale University Press.

Real Academia Española (2020). Autonomía. En *Diccionario de la Lengua Española*. https://dle.rae.es/autonomía

Real Decreto 617/1995, de 21 de abril, por el que se establece los aspectos básicos del currículo del grado superior de las enseñanzas de Música y se regula la prueba de acceso a estos estudios. *Boletín Oficial del Estado*. Madrid, 6 junio 1995, núm. 134, pp. 16607–16631.

Real Decreto 1577/2006, de 22 de diciembre, por el que se fijan los aspectos básicos del currículo de las enseñanzas profesionales de música reguladas por la Ley Orgánica 2/2006, de 3 de mayo, de Educación. *Boletín Oficial del Estado*. Madrid, 20 enero 2007, núm. 18, pp. 2853–2900.

Strozzi-Heckler, R. (2014). *The art of somatic coaching. Embodying skillful action, wisdom, and compassion*. North Atlantic Books.

Taylor, H. (2002). *The Pianist's Talent* (2ª ed.). Kahn & AverillSchlinger.

Watson, A. H. D. (2018) Prevention. En I. Winspur, (Ed.), *The Musician's Hand. A Clinical Guide*. Second Edition (pp. 151–171). JP Medical Ltd.

Winspur, I. (Ed.) (2018). *The Musician's Hand. A Clinical Guide. Second Edition*. JP Medical Ltd.

Igor Viana Monteiro[1], Gisele Alves Ramos[2] y
Eliton Perpetuo Rosa Pereira[3]

La enseñanza colectiva del violín en el contexto de la educación remota en Brasil

Resumen: El objetivo de esta investigación es describir una experiencia docente vivida en un proyecto de enseñanza colectiva de violín en el contexto pandémico actual, en un modelo de enseñanza remota de emergencia, dilucidando las dificultades encontradas y sus posibles soluciones, intentando mantener la propuesta metodológica de enseñanza colectiva del instrumento musical en el modelo impuesto por las circunstancias. El texto expone la acción pedagógica musical multiculturalista abordada en el proyecto, que además de la enseñanza de elementos técnicos musicales, pretendió lograr, a partir del uso diverso del repertorio, el desarrollo crítico de los alumnos, involucrando cuestiones políticas, sociales, históricas y culturales del *locus* en el cual están insertos y de la sociedad en general. También se proponen sugerencias y reflexiones sobre los cambios educativos en cuanto a la inserción de *software* y *hardware* en las clases de música, a partir de la experiencia en el 'Proyecto Cajuzinhos do Cerrado', haciendo empírica la naturaleza de esta investigación; y se justifica a partir de la contribución al desarrollo del área musical en esta modalidad docente y corroborando la acción pedagógica de los educadores.

Palabras clave: Enseñanza colectiva, violín, educación musical, enseñanza remota, multiculturalismo.

1 Introducción

El escenario pandémico establecido en Brasil en marzo de 2020 impuso cambios significativos en la mayoría de las instituciones educativas. La virtualidad instaurada de manera urgente en las escuelas para dar cumplimiento a los protocolos de seguridad determinados por el gobierno llevó a cambios metodológicos, didácticos, evaluativos y de planificación en el proceso de enseñanza-aprendizaje, no siendo esto diferente en el ámbito de la educación musical (Goiás, 2020).

Dichos cambios han planteado la disponibilidad o no de recursos tecnológicos para la realización de clases a distancia, la formación de profesionales hasta la resistencia de los docentes en el uso del *software* y *hardware*. Así, Moreira et al.

---

1   Instituto Federal de Goiás – IFG (Brasil).
2   Instituto Federal de Goiás – IFG (Brasil).
3   Instituto Federal de Goiás – IFG (Brasil).

(2020) enfatizan en que el personal docente debe, de manera ágil, apropiarse de los recursos tecnológicos beneficiando así el proceso de enseñanza-aprendizaje.

En este sentido surge la enseñanza a distancia en un proyecto musical llamado "Cajuzinhos do Cerrado" que se desarrolló en la ciudad de Goiânia, en la Universidad Federal de Goiás (UFG) - Brasil, como parte de un Proyecto de Extensión de la Escuela de Música y Artes Escénicas (EMAE). El principal objetivo del proyecto fue, y aún sigue siéndolo, hacer accesible la educación musical para la periferia de la región norte de la ciudad. El proyecto hizo uso de la metodología de la enseñanza colectiva porque cree que "… el aprendizaje despierta varios procesos de desarrollo interno, que sólo pueden funcionar cuando el niño interactúa con personas de su entorno y cuando coopera con sus compañeros" (Vygotsky, 2007, p. 103).

Así, a partir de las concepciones de Barros (2020), Bourdieu (2011; 2015), Gohn (2009), Montandon (2004) y Pereira (2020) este artículo relata experiencias y dificultades encontradas en el trabajo pedagógico como docentes de música de un proyecto colectivo de enseñanza de instrumentos musicales en el contexto de la educación remota de emergencia, ante la pandemia provocada por el SARS-CoV-2,. Este trabajo se justifica en la importancia de contribuir al desarrollo del área de la educación musical y de la enseñanza colectiva del instrumento musical concretamente en un modelo de enseñanza remota basado en los conocimientos prácticos vividos, sin olvidar que la práctica docente previa se llevaba a cabo mayoritaria o exclusivamente de manera presencial.

2 Procedimientos pedagógicos

La situación sanitaria del país imposibilitó las actividades presenciales del proyecto y en el segundo semestre del año 2020, hubo una reestructuración de la modalidad y consecuentemente de la metodología. Entonces, las clases que se concebían presencialmente comenzaron a desarrollarse de forma remota, y, por lo tanto, se diferenciaron entre momentos sincrónicos y asincrónicos.

Se entendió la enseñanza colectiva como un momento en el que el estudiantado actúa colaborativamente a favor de un único resultado y que "en la clase grupal todos deben estar involucrados y activos en todo momento, incluso con

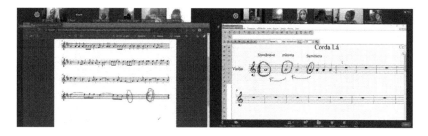

Fig. 1. Clases sincrónicas (videoconferencia) con la ayuda de *software*
Nota. Fotos tomadas de las clases por los autores.

diferentes actividades" (Montandon, 2004, p. 47), las sesiones sincrónicas se estructuraron con la intención de garantizar el aprendizaje colectivo mediante el uso de una plataforma de videoconferencias para la socialización de las personas involucradas.

Estos momentos sufrieron adaptaciones metodológicas, como explica Barros (2020) "las plataformas de videoconferencia que se están utilizando para las clases virtuales no fueron diseñadas para actividades y actuaciones musicales, presentando problemas de latencia, fidelidad sonora y sincronización" (p. 295), comprometiéndose el proceso de enseñanza-aprendizaje y evaluación. Por tanto, en las partes en las que se trabajaba de forma sincrónica, el grupo de estudiantes se mantuvo activo, pero con distintas atribuciones, cuya actuación se dividió en práctica y escucha, haciéndolos críticos, reflexivos y expresivos, además de posibilitar el desarrollo de la fruición.

Zoom y GoogleMeet fueron las plataformas de videoconferencia utilizadas para el desarrollo de las sesiones en modalidad sincrónica y a través de ellas, en la función de 'proyección de pantalla' disponible, se enseñó la lectura de la partitura y materiales relacionados con la notación musical convencional desde programas como Paint, Finale, Adobe Acrobat Reader, brindando la oportunidad de acompañar al estudiantado como se muestra en la Figura 1.

En cuanto al proceso de evaluación, para garantizar la calidad y la participación de la mayoría de los estudiantes, se utilizó la aplicación WhatsApp para el envío de videos porque resultó ser el recurso tecnológico ideal en el contexto de las clases. Esta herramienta no solo permitió al grupo de estudiantes participar y enviar sus videos, sino también recibir comentarios individualizados de los profesores sobre su desempeño.

En un país de dimensiones continentales como Brasil, es necesario tener en cuenta las realidades y contextos socioeconómicos locales para la implementación de Educación

Fig. 2. Clases asincrónicas/evaluación: videos grabados y enviados por WhatsApp
Nota. Imágenes tomadas de los videos de los estudiantes por los autores.

Remota de Emergencia, sabiendo que, en ocasiones, estos indicadores pueden ser contrastantes en la misma ciudad, barrio, escuela o grupo de personas estudiantes. (Barros,
2020, p. 297)

Es importante señalar que parte del alumnado no tenía buen acceso a internet
debido a su contexto socioeconómico, lo que provocó ciertas limitaciones en la
participación tanto en las sesiones sincrónicas como asincrónicas, porque como
manifiesta Gohn (2009), "las restricciones tecnológicas son un obstáculo para la
realización de clases sincrónicas por videoconferencia". (p. 112)

Pereira (2020) expone que las personas usuarias de internet y que integran
familias menos favorecidas tienen un acceso limitado, dependen del uso compartido de Internet con su vecindario y, a menudo, ni siquiera han participado
en cursos de educación a distancia. De este modo, creemos que estos factores
fueron determinantes en el aumento significativo de deserción escolar alcan-
zando una media del 30 %.

La enseñanza asincrónica, en cambio, se estructuró de tal manera que los
estudiantes pudieran desarrollarse individualmente desde el contacto con el instrumento, la identificación de sus dificultades y la autocrítica, es decir, desde
la autognosis. Para estos momentos se usó la grabación de video como recurso
para explicar en detalle los contenidos. Las videoclases alojadas en la plataforma
Google Classroom, acompañadas de materiales complementarios como partitu-
ras y productos audiovisuales sobre la historia del compositor y sus principales
obras. Gohn (2009) sostiene que las grabaciones de explicaciones y orientaciones
representan una ventaja, pues a diferencia de las clases presenciales pueden ser
consultadas cada vez que sea necesario.

La familia adquirió un rol importante en el desarrollo de las clases, su apoyo facilitó el seguimiento al proceso de aprendizaje en ambas modalidades de clase. Según Bourdieu (2011) la familia es un lugar privilegiado para la acumulación y transmisión de capital cultural. En este sentido se resalta la participación directa y activa de los padres y las madres en el proceso educativo sobre todo de estudiantes entre 6 y 8 años, quienes son más dependientes y requerían de tutores para su continuidad en el proyecto, ya que "las familias invierten en la educación escolar (en tiempo de transmisión, en ayuda de todo tipo…) tanto más cuanto más importante es su capital cultural…" (Bourdieu, 2015, p. 96).

Dentro de las cuestiones metodológicas se destacó el uso diversificado del repertorio como estrategia básica para lograr el desarrollo crítico, por lo que en el accionar pedagógico se involucraron cuestiones políticas, sociales, históricas y culturales, sin limitarse a la mera utilización diversificada del repertorio o a cuestiones musicales. Este pensamiento es equivalente al propuesto por el multiculturalismo, que se entiende como "un campo teórico, práctico y político que busca respuestas a la diversidad cultural y al desafío de los prejuicios" (Canen & Xavier, 2011, p. 642) y que de manera más crítica "busca denunciar y superar los mecanismos que silencian las voces oprimidas y luchar por su representación en los planes de estudio y en las prácticas cuyo horizonte orientador es la emancipación, la tolerancia y la justicia social". (Canen, 1999, p. 91)

Al tratarse de un enfoque multiculturalista, la acción pedagógico-musical no puede ser ajena a un sesgo crítico, considerando que su movimiento se opone a la jerarquización cultural[4], a los prejuicios, al racismo, a la xenofobia, a la intolerancia, etc., pretendiendo cambiar el *statu quo* de un determinado contexto social. Según Sousa y Monti (2016) "… una Educación Musical multicultural buscará rechazar las visiones tradicionales, reduccionistas, hegemónicas y prejuiciosas que afirman que sólo ciertas manifestaciones musicales pueden ser realmente clasificadas como Música, o que algunas musicalidades son superiores a otras" (p. 75).

Además, según la investigación de Sousa e Ivenicki (2016) el simple uso diversificado del repertorio se puede caracterizar como un enfoque multiculturalista, denominado *World Music*, que hace uso del repertorio diverso sin profundizar en cuestiones sociopolíticas e histórico-culturales. Sin embargo, esta acción se

---

4   La jerarquización cultural se entiende como la valoración inadecuada de las culturas en la sociedad, en la que las culturas de los grupos dominantes se consideran superiores a las de otros grupos, por lo que se crea una jerarquía de valores entre ellas.

muestra como una educación musical esencialista[5], que solo valora la enseñanza de elementos técnico- musicales a partir del contacto con diversas culturas. Dicha práctica nos lleva a reflexionar si esta acción es suficiente para garantizar el desarrollo crítico correlativo a las demandas socioculturales, políticas e históricas o si el tratamiento superficial, dado a estas cuestiones durante el proceso de enseñanza-aprendizaje, contribuirá al mantenimiento de los problemas socioculturales existentes.

Así, las clases se diseñaron y se estructuraron de manera que guiaron al estudiantado a reflexionar sobre los temas que impregnan la sociedad contemporánea. A partir del uso diversificado del repertorio, establecido desde el contexto de los estudiantes, las clases puestas a disposición en la plataforma Google *ClassRoom* (modalidad asincrónica) contaron con material complementario que contribuyó a su desarrollo crítico e integral. En las sesiones sincrónicas se propusieron debates y reflexiones sobre los temas. Estos debates se establecieron en función de las necesidades del grupo y la profundidad dada se estableció en función de la franja etaria del mismo.

Las temáticas de las clases abordaron cuestiones de género, raza y religión. La necesidad de reflexionar sobre las cuestiones de género surgió de la presencia de mujeres en el grupo y de la llegada de un estudiante transexual al proyecto. Mientras que las discusiones sobre la religiosidad resultaron necesarias debido al número de afiliaciones religiosas de los participantes; y las cuestiones raciales se trabajaron debido a la mezcla étnico-racial de los estudiantes, estableciendo un escenario constituido por sujetos pertenecientes a grupos históricamente silenciados y excluidos de la sociedad. Como sostiene Candau (2002), la discusión multicultural en América Latina, y en consecuencia en Brasil, "nos sitúa ante estos sujetos históricos que fueron masacrados, que supieron resistir y que siguen hoy afirmando sus identidades con fuerza en nuestra sociedad, pero en una situación de relaciones de poder asimétricas, de subordinación y de marcada exclusión" (p. 126).

Aunque se sabe que las instituciones educativas en Brasil están marcadas por una práctica pedagógica que favorece la homogeneidad, la uniformidad y la comunalidad, donde lo diferente es inexplorado o clasificado como un inconveniente (Candau, 2011), la acción pedagógica del proyecto no era crear una homogeneidad, sino más bien, desde una experiencia de educación musical,

---

5 La concepción de la enseñanza esencialista que utilizamos está en consonancia con la propuesta por Penna (2006) como una concepción que busca respaldar la enseñanza del arte desde un enfoque tecnicista.

siguiendo un enfoque multiculturalista, reflexionar sobre la sociedad multicultural en la que estamos inmersos, comprendiendo la idiosincrasia del grupo, su diversidad humana, musical y cultural presente en el mismo *locus*, dejando aflorar la tolerancia y el respeto necesarios para una convivencia respetuosa y armoniosa, valorando la riqueza de la colectividad, donde varias partes diversificadas constituyen una unidad. Sobre esta práctica de homogeneización en la educación, Candau (2008) afirma que actualmente es cada vez más fuerte la percepción del "aspecto homogeneizador y monocultural de la escuela, así como la conciencia de la necesidad de romper con ella y construir prácticas educativas en las que la cuestión de la diferencia y la multiculturalidad estén cada vez más presentes" (p. 15).

3 Resultados

En cuanto a los resultados obtenidos, se puede decir que, en las doce clases del 2.º semestre de 2020, el alumnado que permaneció en el proyecto mostró un desarrollo significativo en la práctica del violín. Es importante señalar que, partiendo de la premisa de que somos seres idiosincráticos, cada estudiante presentó un desarrollo diferente.

Entre el estudiantado principiante de las clases de violín, el trabajo inicial se centró en el manejo del instrumento, las cuestiones posturales y la interpretación de canciones que resultan muy complejas en esta etapa de construcción del conocimiento, dada la cantidad de información nueva que está siendo adquirida.

En cuanto al estudiantado que ya había comenzado a estudiar el violín de forma presencial fue notorio el desarrollo técnico instrumental y el estudio de elementos de notación musical convencional asociados al repertorio utilizado, así como el uso del arco y la forma de realizar las ligaduras, estudio de escalas trabajando en la afinación, cambio en la forma inicial de la mano izquierda[6], conocimiento de los compositores y sus períodos a partir de las piezas musicales, ampliación del repertorio, lectura de partitura, figuras musicales, ritmo, entre otros. Un factor que facilitó el desarrollo de los estudiantes y la interpretación de las piezas musicales fue el hecho de que estas canciones eran conocidas ya, siendo parte de su universo musical.

Este trabajo culminó con un recital en el que se grabaron videos que fueron compartidos con los compañeros, familiares y las personas invitadas, a través de

---

6   Se entiende por forma de la mano, la estructura espacial entre los dedos de la mano izquierda según la disposición de tonos y semitonos para alcanzar las notas musicales utilizadas en música y / o ejercicio.

Fig. 3. Recital final: presentación del grupo avanzado. https://www.instagram.com/p/CVLbi-ngrmV/

Nota. Imagen tomada del vídeo del recital final por los autores.

una plataforma de videoconferencia. Para el recital, se pidió a cada estudiante que grabara videos individualizados de las canciones que estaba practicando. Esta etapa fue asistida por una guía de video grabada por dos pianistas, el violonchelista y el cuerpo docente de violín. Así, el alumnado podía escuchar el acompañamiento instrumental de las canciones junto con la línea melódica interpretada por los profesores de violín. Esta estrategia pedagógica proporcionó más seguridad en la grabación y permitió al alumnado seguir el mismo pulso de la música.

El trabajo de edición realizado consistió básicamente en ecualizar el audio y sincronizar el audio y el vídeo mediante el uso de un *software* de edición de vídeo. Las grabaciones individuales se recopilaron según las canciones interpretadas, generando los vídeos del recital final, como se aprecia en las figuras 3 y 4.

4 Discusión

Finalizada la experiencia, se puede advertir que el escenario sanitario impuso desafíos a superar en el contexto educativo. Aunque las clases del proyecto han pasado por dificultades, la necesidad de adaptación ha llevado al personal

Fig. 4. Recital final: presentación del grupo de principiantes. https://www.instagram.
com/p/CPtXe5MlriI/

Nota. Imagen tomada del vídeo del recital final por los autores.

docente a buscar posibles soluciones a los problemas emergentes. Si bien algunas herramientas tecnológicas tienen limitaciones para el área específica de la
música, es necesario que el cuerpo docente comprenda la importancia de adaptarse a los cambios sociales que surgen en el campo de la educación, incluida la
implementación de herramientas tecnológicas en sus clases.

En relación con los objetivos de este trabajo se puede decir que fueron alcanzados, dado el conocimiento científico empírico aquí reportado asociado a la
fundamentación teórica utilizada, convirtiéndose en una investigación que contribuye al desarrollo del área de la enseñanza musical y de la práctica docente.
Con respecto a los objetivos propuestos en las clases que fueron observados para
esta investigación, aunque con ajustes pedagógicos en el proceso de enseñanza-
aprendizaje, consideramos que los resultados no solo fueron alcanzados, sino
que se alcanzaron de manera satisfactoria.

Otro aspecto es la importancia de analizar el contexto económico, social y
cultural en el que se desarrolla el proceso educativo, teniendo en cuenta que
la flexibilidad del personal docente, en cuanto a metodología, didáctica, evaluaciones y recursos tecnológicos se vuelve fundamental para llegar a un buen
resultado educativo. Además, la participación de los padres y las madres en el
proceso de enseñanza-aprendizaje se convirtió en una herramienta para ampliar

el capital cultural de las familias incluidas en el proyecto, que a su vez estimuló la búsqueda de estudios musicales.

Para concluir, se pudo observar que el uso de estas plataformas también contribuye al buen desarrollo de las clases presenciales, ya que son un excelente recurso didáctico/metodológico, que favorece el avance del grupo de estudiantes en sus prácticas diarias y posibilita clases más elaboradas y significativas.

Referencias

Barros, M. H. (2020). Educação musical, tecnologias e pandemia. *OuvirOUver*, *16*(1), 292–304. https://doi.org/10.14393/OUV-v16n1a2020-55878

Bourdieu, P. (2011). *Razões Práticas: Sobre a teoria da ação* (11 ed.). Papirus.

Bourdieu, P. (2015). *Capital Cultural, escuela y espacio social* (2 ed.). (I. Jiménez, Trad.) Siglo Veintiuno.

Candau, V. M. F. (2002). Sociedade, Cotidiano Escolar e Cultura(s): Uma aproximação. *Educação & Sociedade*, *23*(79), 125–161. https://doi.org/10.1590/S0101-73302002000300008

Candau, V. M. F. (2008). Multiculturalismo e educação: Desafios para a prática pedagógica. In Moreira, A.F.B. e Candau, V. M. (Orgs.). (2008) *Multiculturalismo: Diferenças culturais e práticas pedagógicas*. (2.ª ed., pp. 1–245). Vozes.

Candau, V. M. (2011). Diferenças culturais, cotidiano escolar e práticas pedagógicas. *Currículo sem Fronteiras, 11*(2), 240–255. https://saopauloopencentre.com.br/wp-content/uploads/2019/05/candau.pdf

Canen, A. (1999). Multiculturalismo e formação docente: Experiências narradas. *Educação e Realidade, 24*(2), 89–102. https://seer.ufrgs.br/educacaoerealidade/article/view/55391

Canen, A. & Xavier, G. P. M. (2011). Formação continuada de professores para a diversidade cultural: Ênfases, silêncios e perspectivas. *Revista Brasileira de Educação, 16*(48), 641–662. https://doi.org/10.1590/S1413-24782011000300007

Dias, B. & Irwin, Rita L. (Orgs.). (2013). *Pesquisa educacional baseada em arte: a/r/tografia*. Editora da UFSM.

Gohn, D. M. (2009). *Educação musical a distância: Proposta para ensino e aprendizagem de percussão* [Tesis doctoral]. Universidade de São Paulo. https://www.teses.usp.br/teses/disponiveis/27/27154/tde-13042010-225230/pt-br.php

Goiás. (2020) *Decreto nº 9.653*. Governo de Goiás, Goiânia: Diário Oficial. https://legisla.casacivil.go.gov.br/pesquisa_legislacao/103128/decreto-9653

Montandon, M. I. (2004). Ensino Coletivo, Ensino em Grupo: Mapeando as questões da área. In *Actas del I Encontro Nacional de Ensino Coletivo de*

Instrumento Musical. (pp. 44–48). Universidade Federal de Goiás. https://www.emac.ufg.br/p/35316-enecim-anais

Moreira, A. L., Carvalho Júnior, A. D. & Nunes Angelo, J. D. (2020). Aulas de instrumento musical a distância: O desafio emergente. In F. L. Pereira, *Educação Musical a Distância e tecnologias no Ensino da Música* (pp. 27–43). Atena. https://doi.org/10.22533/at.ed.6212010123

Penna, M. (2006). Desafios para a educação musical: Ultrapassar oposições e promover o diálogo. *Revista da ABEM, 13*(14), 35–43. http://www.abemeducacaomusical.com.br/revistas/revistaabem/index.php/revist aabem/article/view/310

Pereira, F. L. (2020). O ensino de música a distância quebra paradigmas educacionais? Uma reflexão durante a pandemia do COVID-19. In F. L. Pereira, *Educação Musical a Distância e Tecnologias no Ensino da Música* (pp. 1–14). Atena. https://doi.org/10.22533/at.ed.6212010121

Sousa, R. S. & Ivenicki, A. (2016). Sentidos de multiculturalismo: Uma análise da produção acadêmica brasileira sobre educação musical. *Revista da ABEM, 24*(36), 55–70. http://www.abemeducacaomusical.com.br/revistas/revistaabem/index.php/revist aabem/article/view/599

Sousa, R. S. & Monti, E. M. G. (2016). Um olhar multicultural: Algumas contribuições para a atuação do professor de Música da Educação Básica. *Travessias, 10*(1), 73–88. https://e-revista.unioeste.br/index.php/travessias/article/view/13722

Vygotsky, L. S. (2007). *A formação social da mente: O desenvolvimento dos processos psicológicos superiores* (7 ed.). Martins Fontes.

Isabel Romero Tabeayo[1] y Francisco César Rosa Napal[2]

Identidad musical y costumbrismo gallego en la obra para piano de Rodrigo A. de Santiago

Resumen: *Rincones de La Coruña* forma parte de la obra para piano del catálogo del compositor Rodrigo A. de Santiago. A partir del análisis y de la comprensión del estilo compositivo del autor, se pretende identificar las principales características que conforman su obra en relación con sus significados, a los vínculos que se establecen entre la música folklórica con la música académica y a la posibilidad de ser tenida en cuenta como recurso didáctico en el ámbito formativo del conservatorio. En forma de *suite*, la obra se compone de pequeñas piezas que recrean los paisajes, los espacios y las tradiciones más representativas de la vida de la ciudad. Por tanto, el presente trabajo describe el modo en que la música se conforma como un fenómeno comunicativo y social, sobre el cual, los valores de identidad cultural y la descripción de lo cotidiano, son apropiados por el autor, creando un lenguaje musical propio que dialoga entre lo popular y lo intelectual.

Palabras clave: Rodrigo A. de Santiago, modernidad y tradición, música gallega, piano.

1 Introducción

El contexto de las convenciones compositivas del siglo XX se diferencia del curso lógico que esa actividad tuvo desde el siglo XVIII hasta la ruptura de la *práctica común* que rigió estilos como el Barroco, el Clasicismo y el Romanticismo (Piston, 2008). Las nuevas estructuras rítmicas, armónicas y formales surgidas a partir de los importantes cambios en todos los órdenes sociales ocurridos en el siglo XIX, marcaron —en algunos casos de forma radical y en otros con cierta moderación— un nuevo campo absolutamente abierto a las preferencias estéticas e ideológicas de los compositores representativos de esta nueva etapa de la historia de la música. Entre las múltiples corrientes que convivieron a principios del siglo XX, los principios del nacionalismo musical siguieron estando presentes entre las preferencias de muchos compositores, aunque esta vez bajo un sello personal que, al mismo tiempo que distinguía los estilos individuales, los situaba dentro de un ámbito global contemporáneo. Este es el caso de la obra de Rodrigo

A. de Santiago, ejemplificada específicamente en la *suite* para piano *Rincones de La Coruña*.

En este sentido, el presente trabajo pretende indagar sobre las principales influencias compositivas que conforman la mencionada *suite*, así como, el modo en que los rasgos identitarios de la tradición gallega se encuentran presentes en su paisaje sonoro.

A partir del análisis de su contexto, y de los diversos materiales empleados, se estudiará el perfil estilístico del autor, identificando un posible modelo compositivo para, a través de su comprensión, intentar visibilizar esta obra —atendiendo a su significado cultural y a sus aportaciones técnicas— con el fin de que sea tenida en cuenta como recurso didáctico en la enseñanza pianística de los conservatorios gallegos.

En cuanto a la *suite* en sí, se abordarán las cuestiones relativas al debate ideológico sobre los conceptos de nacionalismo, universalismo, tradición y modernización, y, se abordarán las cuestiones relativas a la construcción social de una identidad musical nacional. Debido a la relevancia de la documentación consultada y a los motivos profesionales que llevaron al compositor a un posicionamiento individual o colectivo concreto, se genera la necesidad de estudiar y de divulgar su vasta producción de materiales, que abarca desde diversas publicaciones de investigación, composiciones para todo tipo de formaciones, hasta metodologías para la enseñanza instrumental.

2 Principales tendencias musicales a partir del siglo XX en el contexto internacional y español

Teniendo en cuenta la variedad estilística de este período, se identifican ciertos criterios generales para establecer el concepto de *música contemporánea* (Mateos, 2011), es decir, por una parte, los parámetros de carácter temporal, considerando un rango de 50 años hasta la actualidad y, por otra, los parámetros estéticos innovadores o novedosos. En este sentido, a partir del imaginario colectivo —y de acuerdo con la literatura existente— parece adecuado limitar la denominada música contemporánea a la que ha sido producida en los siglos XX y XXI.

Siguiendo a Morgan (1999), "resulta imposible establecer, de una forma precisa, cuándo comenzó la música como fenómeno estilístico y estético del siglo XX" (p. 17), no obstante, se identifica el año 1907 con Arnold Schöenberg como un punto de referencia significativo, en el cual el sistema tonal se enfrentó a un nuevo paradigma compositivo en lo que al lenguaje musical se refiere. A través del *espíritu de lo nuevo*, se produjeron numerosas transformaciones que dieron lugar a propuestas y tendencias sin precedente que situaron a la música en un lugar destacado dentro de las disciplinas artísticas del momento. El contexto de cambios de esta época se proyecta en una ampliación del contenido expresivo en lo artístico, en general, y en lo sonoro en el caso particular de la música, lo que ofrece un escenario donde la "estética se reformula sobre la disolución de una nueva forma de pensamiento" (Michels, 1992, p. 521).

Randel (2006), por su parte, afirma que este uso del lenguaje constituye una de las características principales sobre la que radica su variedad y eclecticismo. No obstante, cabe destacar el hecho de que en este período emerge una conciencia histórica que permite la búsqueda del conocimiento musical dentro de su propio contexto, de este modo, convergen tradición y presente. Los tres elementos que intentan identificar los rasgos más generales de la música del siglo XX, son los conceptos de modernidad (actualidad), vanguardia (innovación) y tradición (folklore), por lo que se recurre, en muchos casos, a la música popular "como alternativa a una elevada cultura musical, en la búsqueda de lo autóctono; como recopilación y conservación del material específicamente musical, que de otro modo se hubiera perdido" (Michels, 1992, p. 521).

Del mismo modo, en el ámbito español a finales del siglo XIX es posible constatar una cierta inquietud por parte de los compositores en cuanto a la definición de su identidad nacional o regional, por una parte, y por otra, la tardanza en adoptar los nuevos códigos compositivos que se desarrollaban en otros puntos geográficos de occidente. En este sentido, se pueden considerar los acontecimientos derivados del 98 como el gran detonante de la crisis de identidad española y su correspondencia con la vanguardia social sobre la que se desarrollaba la conciencia intelectual europea. Entre las condiciones sociopolíticas de la España de fin de siglo, y la relevancia de la generación del 98, Sevillano Calero (2004) destaca:

> Los estudios sobre la cultura española consideran, en particular, el llamado «modernismo» como expresión genuina de la crisis de la cultura occidental durante los albores del siglo XX en España e Hispanoamérica, y concretamente el «simbolismo» como su rasgo más característico en la creación estético-literaria (p. 196).

El concepto de identidad nacional ha estado vinculado al binomio Estado-nación, y, consecuentemente, la identidad nacional obedece a un sentir, de carácter subjetivo, sobre el sentido de pertenecer a una comunidad concreta a través de los elementos objetivos que la configuran (la etnia, la lengua, la religión, la cultura y la música). Sociólogos como Hormigos (2010), aluden a la construcción de la expresividad del lenguaje musical como una representación cultural concreta y representada en un entorno determinado, es decir:

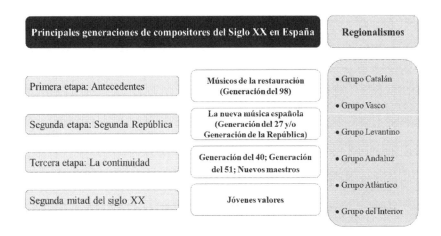

Fig 1. Esquema orientativo sobre el panorama compositivo español del siglo XX

Nota. Elaboración propia basada en Marco (1993); Marco (2006); Alonso (1998); Mancheño (2015).

> La dimensión más significativa de la música es su funcionalidad dentro de un contexto social determinado. Este pertenecer a un escenario cultural dado genera, y determina, el papel comunicativo que posee la música en la vida del individuo, que pertenece a un grupo con el que comparte un universo simbólico, una lengua, unas costumbres, creencias, etc. Es en este contexto donde la melodía o la canción se cargan de un significado social compartido (p. 95).

Aunque de manera imprecisa, es posible establecer un orden cronológico orientativo —en cuanto a los diferentes movimientos compositivos y sus principales representantes— tal y como se detalla en la Figura 1 a partir de los estudios de Marco (1993, 2006), Alonso (1998) y Mancheño (2015). Por una parte, se observa la secuencia de generaciones en la medida en que se fueron sucediendo, mientras que, por la otra, se muestra una relación de los diferentes colectivos agrupados según sus intereses regionalistas.

3 Rodrigo A. de Santiago y su etapa coruñesa

El estilo compositivo de Rodrigo A. de Santiago (Baracaldo, 1907– Madrid, 1985) estuvo influenciado, según los enfoques técnicos y estéticos, por sus contactos frecuentes con la actividad musical desarrollada en la época que situaban a París como uno de los centros culturales del que emanaban las tendencias más tenidas en cuenta por los compositores del momento (Bergadá, 1998). Por otra parte, desde la influencia nacionalista o regionalista de España, el compositor

Etapa	Período biográfico
Vasca	1907-1940
Leonesa	1940-1947
Coruñesa	1947-1967
Madrileña	1967-1977

Fig 2. Etapas vitales y profesionales del compositor
Nota. Elaboración propia basada en el Archivo Vasco de la Música, ERESBIL

se vio inmerso en las corrientes que pretendían encontrar los códigos culturales que dotaran a las obras musicales de una clara identidad.

Una vez situada la realidad musical en la que Rodrigo A. de Santiago desarrolló su labor creativa, es posible comprender el significado de las técnicas de composición empleadas, su perfil estético y su alcance artístico. A partir de la información obtenida del Archivo Vasco de la Música, ERESBIL[3] es posible comprobar la magnitud de la obra del compositor, al mismo tiempo que, agrupando las obras por sus fechas de producción, podrían establecerse —como puede observarse en la Figura 2— cuatro etapas fundamentales en su obra, relacionadas todas con el espacio geográfico y cronológico de la trayectoria vital de Rodrigo.

Debido al propósito específico de este trabajo, se centrará la atención en la etapa coruñesa, ya que es aquí en la que fue compuesta la *suite* para piano que es objeto de estudio a partir de la fuerte influencia gallega que es implícita y explícita en la elección temática que la conforma. No obstante, y a modo de contextualización, es necesario mencionar otras obras que también muestran la voluntad del compositor de emplear un material temático que situara las obras inequívocamente en una región determinada, en este caso Galicia.

Entre las obras cuyos títulos hacen referencia a la cultura gallega es posible encontrar ejemplos, no solo pianísticos, que forman parte del amplio repertorio como, en los formatos de orquesta y banda: *Dos sinfonías gallegas*; *Bocetos gallegos*; *Escenas gallegas*; *Cuatro páginas de música gallega*. Su obra didáctica relacionada con la música de Galicia está representada por su *Método completo de gaita* (De Santiago,1964), mientras que en su producción para piano resalta, en este ámbito, su *Sonata gallega* y la obra que constituye el eje central de este trabajo: la *suite* para piano *Rincones de La Coruña*.

---

3   https://www.eresbil.eus

Existe también una dimensión didáctica en la etapa coruñesa de Rodrigo A. de Santiago (Rosa-Napal y Romero, 2021). Independientemente de sus composiciones de carácter formativo como el método instrumental mencionado anteriormente, el compositor impartió docencia en el Conservatorio Profesional de Música y Declamación de A Coruña, en las especialidades de Armonía y Composición (Casares, 2000).

4 Metodología

Desde el punto de vista metodológico, el enfoque parte de la investigación documental desde una perspectiva interpretativa (Cordón, López, y Vaquero, 2001; Gómez, 2011), por lo que se vincula, a los requerimientos de investigación de las ciencias sociales y musicológicas. En cuanto al análisis de las piezas que conforman la *suite*, se tendrán en cuenta los diferentes parámetros presentes en los elementos constitutivos de la música planteados por Toch (2001), Copland (2006) o Willems (2011). Según estos autores, y realizando una suma de sus aportes en estas clasificaciones, dichos elementos fundamentales son el ritmo, la melodía, la armonía, la forma estructural y el tratamiento del timbre. Por este motivo se presenta a continuación un análisis resumido del tratamiento de cada uno de esos parámetros en las piezas en las que estos son predominantes, siempre sin excluir los que no tienen un papel destacado. Debe destacarse aquí que esos elementos que forman parte del discurso musical serán observados a partir de cómo ha influido el entorno cultural gallego en la obra objeto de estudio.

5 Aproximación a la obra *Rincones de La Coruña* a través del análisis musical

Es patente el carácter orquestal que el compositor imprimía a sus obras para piano. Independientemente del perfecto dominio de la escritura pianística, es posible percibir su búsqueda de una gran sonoridad, así como la pretensión de encontrar combinaciones armónicas que recordaran el amplio abanico de posibilidades tímbricas que brinda la orquesta. Por otra parte, es posible escuchar en algunos pasajes un fraseo articulado según las características propias de las cuerdas. Es posible que esto sea consecuencia de su formación instrumental como violinista.

La *suite* para piano *Rincones de La Coruña* está formada por siete piezas breves cuyos títulos corresponden a diferentes lugares emblemáticos de la ciudad de A Coruña. Es posible advertir como el compositor intenta describir desde un punto de vista pictórico algunos aspectos característicos de estos espacios, pero, al mismo tiempo, describe desde las sonoridades logradas su esencia social o espiritual. Las piezas que componen la *suite* son *Jardín de San Carlos*; *Plazuela de las Bárbaras*; *El Parrote*; *Colegiata de Santa María*; *Calle Real*; *Torre de Hércules* y *Parque de Santa Margarita*.

Ritmo

Los movimientos en los que el ritmo tiene un gran protagonismo son, en orden de aparición, *El Parrote* (Figura 3) y *Parque de Santa Margarita* (Figura 4). En la primera de estas dos piezas, con indicación de tempo *Andante recitativo*, recrea —a partir de un *ostinato* armónico-rítmico en el bajo— un paisaje en movimiento que representa el ambiente marino propio de esa zona de la ciudad. El esquema rítmico de la pieza presenta un perfil simétrico, algo que se traduce en espacio apacible. En un compás de seis por ocho, la célula rítmica del *ostinato* está formada por corchea con puntillo, semicorchea y corchea, lo que le imprime un carácter popular.

Por su parte, *Parque de Santa Margarita* emplea, explícitamente, la indicación *Tempo de muñeira (con allegrezza)* negra con puntillo = 108. También en compás de seis por ocho, en este caso se alude al ritmo de la muñeira, logrando retratar el ambiente festivo propio de las fiestas populares de Galicia. Al constituir el final de la *suite*, la configuración rítmica del movimiento busca un lenguaje conclusivo y brillante.

Melodía

Independientemente del papel relevante de la melodía en todas las partes de la *suite*, la significación simbólica que adquiere en *Torre de Hércules* es de una gran relevancia debido a la monumentalidad que se pretende conseguir en esta pieza reforzada por su indicación *Maestoso* (Figura 5). En la parte superior de una textura homofónica, la melodía presenta características propias de la música popular gallega esta vez aportando, en su componente rítmico, una pronunciada marcialidad.

Fig 3. Fragmento de El Parrote.

Nota. Archivo Vasco de la Música ERESBIL

Fig 4. Fragmento de Parque de Santa Margarita.

Nota. Archivo Vasco de la Música ERESBIL

Fig 5. Fragmento de Torre de Hércules

Nota. Archivo Vasco de la Música ERESBIL

Armonía

En el caso de *Colegiata de Santa María*, es observable la intención de reflejar la espiritualidad propia del sitio aludido a través de los cuatro primeros compases en progresión ascendente por tonos enteros en la mano derecha, mientras la izquierda realiza un movimiento contrario con intervalos disminuidos (Figura 6). Estos acordes —en cierto sentido *poliacordes*— bajo la indicación *adagio religioso*, consigue introducir al oyente en un ámbito diferenciado de los otros movimientos de la *suite* desde un lenguaje armónico propio de algunas de las tendencias compositivas presentes en la concepción estilística musical del siglo XX.

Fig 6. Fragmento de Colegiata de Santa María

Nota. Archivo Vasco de la Música ERESBIL

Forma

La libertad formal se expone de alguna manera en *Plazuela de las Bárbaras*. Aquí es posible observar el procedimiento por el cual los motivos melódicos iniciales sufren transformaciones tímbricas, modales y de registro que consiguen representar —desde el sonido— una atmósfera espiritual, estática y de gran profundidad. En la Figura 7 es posible comprobar como la estructura formal no pretende alcanzar un equilibrio en cuanto a las dimensiones de las partes, proponiendo de esta forma, un esquema lineal no reexpositivo.

CUESTIONES RÍTMICAS, TONALES Y EXPRESIVAS			
Compás: 2/4	Tempo: *Andante senza rigore*	Tonalidad: La mayor	Carácter: Rezos y plegarias
ESQUEMA FORMAL			
Introducción (c. 1-16)	A: a + a' (c.17-37)	B: b + b' (c. 37- 88)	Coda (c. 89- 98)

Fig 7. Características generales y formales de *Plazuela de las Bárbaras*

Nota. Elaboración propia a partir del análisis de la pieza

Timbre

La riqueza que se observa en la totalidad de la obra en cuanto a la explotación del timbre, tiene en *Jardín de San Carlos* uno de los ejemplos más evidentes. Con la indicación *Allegro giocoso,* unos pequeños motivos melódico-rítmicos constituyen el fundamento del discurso. Para lograr el colorido deseado, el compositor les aplica ornamentaciones, cambios de ataque, y de registro con diferentes

Fig 8. Fragmento de *El jardín de San Carlos*.
Nota. Archivo Vasco de la Música ERESBIL

articulaciones e indicaciones de carácter. Como se puede percibir en la Figura 8, el empleo de pasajes arpegiados encerrados en ligaduras en la mano izquierda contrasta con los acordes de muy poca duración en la mano derecha, algo que incide directamente en la percepción sonora a partir de la intención del compositor de lograr efectos tímbricos.

Otro de los ejemplos en que los diferentes timbres son empleados de forma descriptiva es *Calle Real*, en este caso se trata de uno de los sitios más transitados de la ciudad, con abundantes elementos característicos que tienen su representación a partir de la variedad tímbrica. Aquí es posible también observar contrastes entre sonidos estáticos producidos por notas pedal interiores y movimientos ascendentes y descendentes a partir de melodías armonizadas de manera colateral, consiguiendo un equilibrio entre la significación social e histórica del lugar y el colorido sonoro propio de esa calle coruñesa.

6 Conclusiones

La manera en que Rodrigo A. de Santiago ha desarrollado su obra en general y la que ha sido motivo de estudio en particular, indica que su interés creativo y representativo sobrepasa los límites de los requerimientos técnicos de la composición, logrando plasmar mediante el sonido la realidad cultural que le rodeaba y que se observa claramente en la obra estudiada.

La especial atención que presta el compositor al representar las principales características de los sitios emblemáticos de la ciudad a partir de los temas procedentes de la música gallega, por una parte, y el empleo de las técnicas compositivas empleadas para enfatizar el significado histórico y patrimonial, por otra, son evidencias claras de la influencia que tuvo la cultura de Galicia en la obra musical de Rodrigo A. de Santiago.

Como reflexión final, es posible intuir que la actividad musical del compositor persigue conseguir el equilibrio entre las tendencias vanguardistas del entorno musical internacional del momento y la necesidad de establecer una identidad personal vinculada a algún contexto cultural en particular, en este caso la cultura gallega. La búsqueda de la proporción entre modernidad y tradición es la principal característica de la obra general del autor, algo que se ejemplifica claramente su *suite* para piano *Rincones de La Coruña*. Por otra parte, al contar con los requerimientos técnicos, culturales y artísticos que caracterizan a las obras que conforman el repertorio didáctico de las enseñanzas musicales, esta *suite* podría ser tenida en cuenta en el diseño de los planes de estudio de los conservatorios como un elemento enriquecedor y significativo en la formación de las nuevas generaciones de intérpretes.

Referencias

Alonso, C. (1998). La música española y el *espíritu* del 98. *Cuadernos de música Iberoamericana, 5*, 79–108.

Archivo Vasco de la Música, ERESBIL. https://www.eresbil.eus

Bergadá, M. (1998). Añoranza y proyección musical de España en el París de finales del siglo XIX. *Cuadernos de Música Iberoamericana, 5*, 109–127.

Casares, E. (Coord.) (2000). *Diccionario de la música española e hispanoamericana*. SGAE.

Copland, A. (2006). *Cómo escuchar la música*. F.C.E.

Cordón, J., López, J. y Vaquero, J. (2001). *Manual de investigación bibliográfica y documental: Teoría y práctica*. Pirámide.

De Santiago, R. A. (1964). *Método completo de gaita*. Editorial Galaxia.

Gómez, L. (2011). Un espacio para la investigación documental. Revista Vanguardia Psicológica, *1*(2), 226–233.

Mancheño, M. (2015). *Cruce de modernidades. La música para piano en España entre 1958 y 1982* [Tesis doctoral]. Universidad de Oviedo.

Marco, T. (1993). Tendencias hacia especializaciones nacionales en el internacionalismo musical de la segunda mitad del siglo XX. *Revista de Musicología, 16*(1), 672–676.

Marco, T. (2003). *Historia de la música occidental del siglo XX*. Editorial Alpuerto.

Mateos, D. (2011). Amenazas a la educación y el consumo de la música clásica contemporánea. *Eufonía*, 53, 34–41.

Michels, U. (1998). *Atlas de música*. Alianza.

Piston, W. (2008*). Armonía*. Span Pres.

Randel, D. (Ed.) (2006). *Diccionario Harvard de la Música*. Alianza.

Rosa-Napal, F.C. y Romero, I. (2021). La enseñanza musical en el conservatorio en los inicios del siglo XX en Galicia: un estudio de caso. *Atas do XVI Congresso Internacional Galego-Português de Psicopedagogia*. Universidade do Minho

Sevillano Calero, F. (2004). El «mito del 98» en la cultura española. *Pasado y Memoria. Revista de Historia Contemporánea*, 3, 195–208.

Toch, E. (2001). *Elementos constitutivos de la música*. Idea Books.

Willems, E. (2011). *Las bases psicológicas de la educación musical*. Paidós.

Guilherme Gabriel Ballande Romanelli[1]

La materialización de un arte abstracto: la exploración sonora como herramienta de inclusión en Educación Musical

Resumen: En este capítulo se propone una propuesta didáctica de Educación Musical basada en la exploración sonora como forma de enfatizar las características palpables y materiales de la música. La argumentación parte de reflexiones acerca de posibles definiciones de música haciendo una breve digresión desde la acústica hasta el arte, enfatizando el carácter inmaterial (y abstracto) del fenómeno musical por medio de apuntes históricos. Se presenta una posible propuesta de Educación Musical desde una proposición triádica, en la que se enfatiza la "emancipación" de la investigación acústica, poniendo el acento en la manipulación de los fenómenos acústicos, con el fin de materializar el cada día más abstracto elemento del sonido. Finalmente, se especula acerca de la exploración sonora como propuesta de inclusión.

Palabras-clave: Educación Musical, exploración sonora, acústica, inclusión.

1 Introducción

A la luz de las experiencias desafiantes a las que la humanidad se ha enfrentado en los dos últimos años, no es posible ignorar las reflexiones surgidas en torno a las distintas maneras de entender la educación. En particular, las reflexiones acerca de la enseñanza de la música en tiempos de aislamiento social se erigen como imprescindibles, puesto que esta didáctica ha sido una de las más afectadas por las restricciones impuestas por la Covid-19, en lo relativo a los centros escolares de distintas etapas y ámbitos.

La música tiene un carácter temporal irrevocable, ya que el tiempo o cronos[2] es la condición imprescindible para hacer música en conjunto. Esta condición temporal de la música es, pues, clave si nos referimos a la Educación Musical, como lo es su carácter de arte esencialmente relacional. Aunque la tecnología ha

---

1 Universidad Federal de Paraná (Brasil).
2 La palabra cronos (*chronos*) constituye junto con *kairós* dos dimensiones distinguibles del tiempo. La primera se refiere a la constancia precisa y regular del tiempo, y, por eso, mensurable. La otra trae una concepción de tiempo no mensurable y de carácter relativo (García, 1999).

sido perfeccionada sin precedentes en las últimas décadas, todavía no hay soluciones accesibles para permitir aulas remotas con una sincronización temporal de fracciones de segundos (espacio temporal muy común en prácticas musicales). Hay, consecuentemente, dos características paradójicas que la experiencia de la pandemia en lo relativo a la docencia nos ha legado: por un lado, muchas prácticas cotidianas en el campo educacional no fueron posibles; por otro, el hecho de meditar acerca de nuevas posibilidades educativas trajo soluciones que ya existían y se habían quedado, de cierta forma, ofuscadas y olvidadas, es el caso de la exploración sonora, tema del presente capítulo.

Una última consecuencia derivada de las pruebas a las cuales nos hemos enfrentado en los últimos dos años es el redescubrimiento de la colectividad como condición para afrontar las dificultades, por ejemplo, este encuentro internacional[3] es, al mismo tiempo, una forma de aportar y compartir distintas opiniones.

2 Música, una definición abierta

Hay un sinnúmero de posibilidades a la hora de definir lo que las sociedades occidentales llaman música. Estas aproximaciones léxicas están en gran parte de los compendios teóricos de musicología, historia de la música y teoría musical, lo que consideramos los 'clásicos' del estudio académico de la música. Dejando, sin embargo, de lado estas definiciones eurocéntricas, se opta aquí por una que se adecúa bien al propósito de este capítulo: "Música es el arte de coordinar fenómenos acústicos para producir efectos estéticos" (Barsa, 1994). Además de por su simplicidad esta definición brilla por sintetizar todas las características de la música en una escasa línea de texto. Efectivamente, la música es un arte y como tal es parte de todas las culturas de la humanidad (Blacking, 1973). Está fundamentada en la manipulación coordinada de una acción mecánica que tiene el sonido como consecuencia (Schaeffer, 1966), cargada de intencionalidad estética, distinguiéndose de los sonidos fruto de la casualidad.

Incluso considerando los límites que esta definición impone, en ella debemos destacar su amplitud o carácter abierto, ya que permite referirse a un conjunto

---

3   En particular resalto mi gratitud a los esfuerzos del *Núcleo de Pesquisas em Publicações Didáticas* – NPPD de mi universidad, que viabilizó mi participación en Galicia – España, en el I *International Music Education & Didactic Material Symposium* en 2019, donde conocí amigos investigadores que me invitaron al III Congreso Internacional de música y cultura para la inclusión y la innovación, a consecuencia del cual surgió este capítulo.

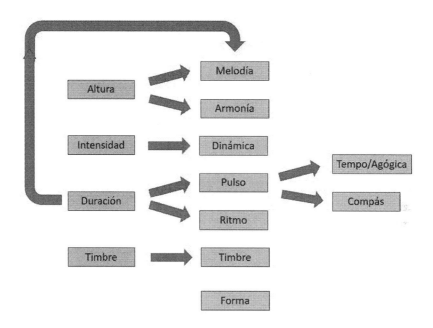

Fig. 1. Relación entre la acústica y la música
Nota. Adaptado de Romanelli (2016).

muy extenso de prácticas musicales, desde las así entendidas según el modelo eurocéntrico hasta prácticas sonoras de las culturas más desconocidas, incluyendo la música contemporánea y experimental. Esta definición, no obstante, parece conveniente ampliarse con las contribuciones de François Delalande (1984), quien parte del principio según el cual la manera particular y privilegiada en la que los niños se relacionan con todo tipo de fenómeno sonoro es susceptible de considerarse música, por lo que muchas de las prácticas sonoras típicas de las culturas infantiles entran también dentro de la definición que para música se entiende en este capítulo. Definido así el objeto de transposición didáctica, se presenta una posible interconexión entre la acústica y la música en forma de un diagrama (Figura 1).

Como se ve en la Figura 1 casi todos los elementos de la música son una consecuencia directa de fenómenos acústicos, a excepción de la forma que trata de la estructura de las distintas partes de una pieza musical. Esta propuesta de categorización de los elementos constituyentes de la música propone una valorización de las características palpables del mundo físico, lo que resulta en la práctica un referente muy próximo a las experiencias cotidianas, en particular, a las de los niños.

3 El carácter inmaterial (y abstracto) del fenómeno musical: una rápida digresión histórica

Para comprender la relación que la humanidad establece con el mundo sonoro que le rodea, también con la música, es necesario tener en cuenta que esta cambió de forma radical desde hace poco más de un siglo en lo que respecta a su aspecto temporal y relacional. Considerando algunas teorías que definen donde empieza la humanidad y su musicalidad (Mithen, 2006) es posible afirmar que hace alrededor de 200 000 años nuestras experiencias musicales eran una práctica temporal y visible, o sea, siempre experiencias musicales "en vivo". Fue en el siglo XVIII cuando por primera vez se pudo apreciar música a partir de un dispositivo mecánico, gracias a la invención de un tipo de cajita de música (Leibovich, 2012). Era la primera vez que se podía oír música sin la necesidad explícita de la acción humana: el mecanismo hacía música por 'sí solo'. A finales del siglo XIX y principios del XX los avances de la mecánica y el dominio de la electricidad permitieron dos hitos de repercusión radical: la fonografía y la radiofonía. Cualquier sonido, y música, podría ser registrado, y por eso, escuchado de forma indefinida, como lo presentó Léon Scott de Martinville, en 1857, y Thomas Edison en 1877. Además, los sonidos también podrían transportarse por el aire por medio de ondas electromagnéticas, conforme la invención de Guglielmo Marconi en 1901. Estos cambios se sucederán a un ritmo cada vez más intenso en las décadas siguientes, con la invención del disco, las múltiples cintas de grabación (en particular, la popularización de la cinta de cassette), el CD y, por fin, los formatos digitales y virtuales, como el MP3.

Todas estas revoluciones ocurrieron en poco más de un siglo y cambiaron en profundidad nuestra relación con la música, dando como resultado que haya dejado de ser necesaria la acción humana en presencia o lo que es lo mismo, ya no se precisa estar ante la fuente sonora original para disfrutar de una pieza musical. El siglo XX, por su parte, añade un nuevo hito: el de la portabilidad de los fonogramas, de manera que en la actualidad es posible acceder a prácticamente todo lo que la humanidad ha grabado. La accesibilidad de forma remota, por medio de plataformas de búsqueda disponibles en internet nos sitúa ante un nuevo contexto de escucha musical, en el que no se hace indispensable encontrarse con la fuente del sonido original ni sus intérpretes, ni tan siquiera un soporte o dispositivo concreto y exclusivo.

4 Propuesta didáctica tríadica de música

A principios del siglo XX fueron sistematizadas propuestas pedagógicas de Educación Musical que cambiaron la manera de proveer el aprendizaje musical tomando como base las características de desarrollo de los niños (Mateiro e Ilari, 2012). Para la gran parte de los llamados "Pedagogos Musicales", en particular Émile Jaques-Dalcroze, Zoltán Kodály, Edgar Willems y Carl Orff, los niños deberían adoptar una postura activa en el seno de las experiencias musicales. Partiendo de una adaptación de las propuestas de Educación Musical más recientes basadas en los presupuestos de los pedagogos musicales que crearon los métodos activos, propongo una idea híbrida que enfatiza la experiencia acústica más elemental. Sin jerarquía, u orden determinada, sugiero tres propuestas de experiencia musical que deben ocurrir de forma integrada: 1. Cantar mucho; 2. Explorar el mundo sonoro; y 3. Escuchar mucha música.

Sin duda la idea de "Cantar mucho" se refiere al canto, la práctica musical propia de la voz. Pero, en esta propuesta, "Cantar mucho" concierne toda práctica de interpretación, composición e improvisación por medio de la voz o cualquier otro instrumento musical[4]. El énfasis en el canto viene a recordarnos que la expresividad es la característica más importante de toda práctica musical, algo que es tácito en las prácticas de canto. El adverbio "mucho" denota que el aprendizaje musical debe basarse fundamentalmente en la vivencia práctica de la música, como preconizaron los pedagogos musicales del principio del siglo XX.

"Explorar el mundo sonoro" supone proponer la emancipación de la investigación acústica más allá de una curiosidad científica o de complementación de las propuestas pedagógicas, puesto que, la manipulación de los sonidos está en la base misma de cualquier actividad musical, según la definición vista para "música", que se maneja en este capítulo (Barsa, 1994): "coordinar fenómenos acústicos […][5]." Se sugiere aquí que la manipulación del sonido debe ejercitarse

---

4 Hay que tener en cuenta que algunas propuestas de Educación Musical optan por ponerse la interpretación, la composición y/o la improvisación como categorías distintas. La opción de ponerlas todas juntas se justifica por el carácter explícitamente activo y práctico esas actividades.

5 Incluyendo la música electrónica, ya que, en esas músicas, mismo que el control del sonido ocurre por medio de controles electromagnéticos (sin contacto directo con el material sonoro), todavía así, el músico hace escojas estéticas desde parámetros acústicos.

de forma permanente desde las primeras experiencias de Educación Musical y debe acompañar las prácticas musicales durante toda la vida[6].

El tercer eje de esta propuesta tríadica de Educación Musical radica en la necesidad de "escuchar mucha música", de nuevo incidiendo en lo preciso de enfatizar el carácter obligatorio de promover el encuentro de los niños con nuevas referencias musicales de forma regular y densa. La instancia de apreciación musical está presente en casi todas las propuestas de enseñanza de música, pues es la forma privilegiada de ampliar el repertorio musical de los estudiantes. Los tres ejes de Educación musical (Cantar mucho; Explorar el mundo sonoro; y Escuchar mucha música) no suponen en sí mismos una novedad, sino una sugerencia de reorganización de propuestas ya existentes y, muchas veces, largamente estudiadas y teorizadas.

5 Algunos apuntes acerca de la exploración del mundo sonoro

Desde muy temprano, los niños intentan establecer una relación cada vez más significativa con el mundo que los rodea y la interacción sonora es uno de los senderos posibles por los que transitan sus exploraciones. Debido a que la voz es el "instrumento musical" que está más a su alcance, es natural que la exploren exhaustivamente, desarrollando un vasto repertorio de sonidos guturales, bilabiales y, poco después, a partir de la introducción de todo tipo de elementos que pueden interferir en los sonidos vocales, como las manos, los pies o cualquier objeto que esté a su alcance. Con la maduración de los controles motores, rápidamente los niños descubren otras maneras de producir sonidos con otros materiales que pueden ser percutidos, raspados, agitados... y, en general, cualquier tipo de acción mecánica con resultados sonoros.

Todo ese repertorio sonoro experimental acumulado durante los primeros cuatro o cinco años de nuestra infancia nos acompaña a lo largo de la vida, aunque cada vez más controlado por nuestra autocensura: los niños hacen sonidos todo el tiempo, por lo que casi siempre los clasificamos "ruidosos", pero los adultos tienden a controlar sus impulsos de producir sonidos, aunque algunos de esos ruidos se escapen de ese control, como los adictivos sonidos que hacemos con la mecánica de algunos objetos, tales como los bolígrafos. Arrastrar esas experiencias por más tiempo, tal vez hasta el final de la vida escolar, es el objetivo de la propuesta defendida en este texto.

---

6 La reflexión acerca de las formas de producir sonido con calidad acompaña toda la vida de los músicos más cualificados, como enfatiza Carl Flesch (1931), el reconocido violinista y teórico de la práctica y aprendizaje de este instrumento.

Hay dos acciones principales en nuestra relación con los sonidos: la percepción y la exploración. Estas dos instancias ocurren de forma alternada influenciándose constantemente, de modo que debido a que escuchamos sonidos queremos producirlos, y así pasamos a escuchar los sonidos que hacemos y a compararlos con las experiencias previas. La posibilidad de crear nuevos sonidos o "nuevas combinaciones sonoras" es dependiente del repertorio acumulado por medio de las experiencias auditivas, por eso, la exploración sonora es importante y debe ser trabajada explícitamente.

Murray Schafer (1991) propone reflexiones acerca de la importancia de educar el oído para escuchar más y mejor. Para este autor la audición debe ser educada durante un largo período de tiempo, para que se pueda interactuar con el mundo sonoro y musical que nos rodea. Este compositor y pedagogo musical canadiense propone un concepto de trabajo de aprendizaje musical llamado "limpieza de los oídos". Entre otros objetivos a alcanzar con esos ejercicios, Schafer busca posibilitar el desarrollo de la capacidad de una audición sensible y autónoma, que permita identificar los estímulos sonoros más sutiles y seleccionar los materiales sonoros con potencialidad expresiva para producir música.

Para la investigadora musical francesa Claire Renard (1984) es necesario considerar una "Musicalidad latente" del cuerpo, esto es, un plano musical que se desarrolla a nivel mental, sin producir efectivamente un sonido. Esta forma no explícita, o concreta, de exploración sonora es posible gracias a las experiencias previas provenientes de la exploración con objetos sonoros reales. Por ello, se puede concluir que cuantas más experiencias de exploración de sonido tenga una persona, más grande será la posibilidad de desarrollar su musicalidad latente.

Conectando con los apuntes acerca del desarrollo de exploración sonora de los niños muy pequeños presentada al inicio de esta sección, se resaltan las contribuciones de François Delalande (1984) para quien el juego es la ubicación principal de la práctica musical. Este teórico francés considera que por medio del juego los niños acumulan un vasto repertorio de gestos que producen sonidos, y todo el proceso se desarrolla de manera interesada, produciéndoles una gran satisfacción, como el propio juego. Además, el interés sonoro de los niños es más amplio que el de los adultos, pues no ha tenido tiempo de establecer sus preferencias musicales, lo que se conoce como "enculturación", y, en consecuencia, son menos resistentes a sonidos y músicas "extrañas" a la cultura de su familia.

Por último, de todos los autores, el francés Pierre Schaeffer, conocido por ser uno de los inventores de la música concreta, es el que ofrece una teoría más profunda acerca de los fenómenos acústicos que permiten nuestra musicalidad, en concreto en su obra maestra, el tratado de los objetos musicales (Schaeffer, 1966). Ese autor apunta no solo a la multitud de objetos sonoros, sino también a las distintas maneras de provocar la vibración que existen. Como conclusión relevante que se extrae para este capítulo, puede afirmarse que todo objeto y toda acción mecánica es capaz de producir sonido, y, por tanto, música.

6 El énfasis en la manipulación de los fenómenos acústicos (la exploración sonora)

Para traer la manipulación de los fenómenos acústicos a las prácticas cotidianas de la Educación musical tenemos que considerar la exploración sonora como elemento permanente de la planificación de las clases de música, tal y como se sugiere en la propuesta triádica de este texto. Por otro lado, se trata de seguir una tendencia natural del desarrollo humano, pues desde muy temprano, los niños tienen una admiración por todo tipo de sonidos y fuentes sonoras (Delalande, 1984). Mucho antes de que sean capaces de ver con nitidez, los recién nacidos se esfuerzan por orientar sus caras y, consecuentemente, sus oídos hacia la dirección de donde procede el sonido. Por ello no nos sorprende que buena parte de los primeros juguetes diseñados para niños muy pequeños tengan algún tipo de dispositivo sonoro, ya que los sonidos les encantan.

Explorar objetos sonoros es simplemente ampliar las prácticas de investigación inherentes a todos los niños a lo largo de toda la experiencia escolar, adaptando los intereses y los desafíos a cada etapa educativa. Las posibilidades son múltiples, sirvan de ejemplo simplemente las dos que se explican a continuación. La primera, consiste en preguntar a los niños cuántos sonidos distintos se pueden producir con un objeto, como un vaso de plástico, o con una combinación de estos, véase un vaso de plástico y una cuchara. A continuación de enumerar y categorizar los sonidos, se les puede pedir que cuenten una historia sin narración, utilizando únicamente los sonidos descubiertos. Y la segunda, encontrar los sonidos que produce un objeto para luego compararlos con otros de su alrededor, desde sonidos naturales, hasta los producidos por las múltiples invenciones mecánicas y electrónicas. Los niños y estudiantes comprenden muy rápidamente que hay características acústicas comunes a sonidos de los más variados orígenes.

Los niños muy pequeños también tienen una admiración por todo tipo de instrumentos musicales. Pero esta curiosidad no parece desvanecerse a través del tiempo, sino justo, al contrario. Tal interés es una oportunidad de estudiar la organología que trae la extraordinaria multitud de instrumentos musicales que las distintas culturas humanas fueron (y son) capaces de inventar. Las formas más tradicionales de planear actividades de construcción de instrumentos musicales parten de la referencia de los instrumentos ya existentes como punto de partida para encontrar formas alternativas de construirlos, como nos presenta el provechoso libro de Bart Hopkin (1996). En gran parte de esas propuestas, el imaginario de los estudiantes es estimulado presentándoles un grupo específico de instrumentos musicales que servirán de inspiración y referencia para el proyecto. Estas propuestas son muy interesantes para descubrir el principio acústico de los instrumentos musicales[7]. Como ejemplo, se destaca el funcionamiento de la doble caña que es el principio elemental de producción de sonido del oboe, fagot, gaita gallega, y tantos otros. Para un observador de esos instrumentos, es muy difícil comprender su funcionamiento, de modo que muchos pueden llegar a imaginar que al soplar en el instrumento hay algún principio mágico que produce el sonido (algo similar ocurre con la flauta dulce, instrumento dotado de un bisel).

Estos principios musicales menos conocidos por la mayoría del público pueden ser explorados por medio de experimentaciones muy interesantes, como, por ejemplo, la simulación de la doble caña por medio de la adaptación de simples pajitas de plástico. El resultado de esa experiencia trae una comprensión muy clara del funcionamiento de ese principio sonoro desde una experiencia empírica y sensorial[8]. Otra aproximación de propuestas pedagógicas de construcción de instrumentos musicales consistiría en ofrecer como punto de partida no un instrumento de referencia, sino, objetos que puedan tener potencial acústico. Ese es el extraordinario trabajo del belga Max Vandervorst (2006) y su amplia producción de instrumentos alternativos con los cuales hace un gran número de conciertos.

Sea cual fuere la propuesta de construcción de un instrumento musical alternativo, desde las referencias de los "canónicos" o desde la sugerencia de objetos, la acción educativa se apoya en las referencias de la organología. Pero, es interesante resaltar que las tradicionales clasificaciones de instrumentos de la matriz cultural eurocéntrica no dan cuenta de la variedad y complejidad de tantas invenciones, como es el caso de la clasificación de los instrumentos de la orquestra, organizados en familias. Por eso la centenaria clasificación Hornbostel y Sachs (Michels, 1996) es, sin duda, la referencia más interesante a partir de la cual trabajar en esta propuesta. Al clasificar todos los instrumentos en cuatro

---

7   Muchos de los cuales parecen muy 'misteriosos' para los que no dominan determinado instrumento musical.

8   Los resultados de investigaciones de esta índole pueden, incluso, revelar niveles estéticos muy elaborados, como nos muestra el fagotista danés y "virtuoso de la doble caña de pajita de plástico" Peter Bastian.

grandes grupos (Aerófonos, Cordófonos, Idiófonos, Membranófonos[9]) el principio acústico se convierte en el criterio principal de categorización y se revela por medio de las experiencias acústicas. Tomando como base esta propuesta, un violín, una guitarra, un piano, un birimbao y un hilo de nylon tensionado desde una lata de metal hasta un palo de escoba, son todos cordófonos, ya que hay una cuerda estirada y un cuerpo de amplificación sonora.

La adaptación de las propuestas de "limpieza de oídos" de Murray Schafer (1991) es una posibilidad muy rica a la hora de explorar objetos sonoros. En este marco se encuadra juegos muy simples para descubrir un sonido con la pregunta ¿qué sonido es ese?, que pueden desembocar en el desarrollo de una escucha cada vez más curiosa y depurada. Partiendo de sonidos fácilmente reconocibles es posible aumentar la dificultad de este planteamiento incluyendo sonidos muy poco escuchados, como los "sonidos minúsculos" propuestos por Claire Renard (1982), sonidos muy sutiles que solo pueden ser reconocidos por medio de una aproximación del oído o por medio de equipamientos de amplificación.

Como última propuesta de ese gran universo de posibilidades de exploración sonora, señalaría las actividades de producción de Foley para imágenes en movimiento (filmes). Desde un proyecto sonoro, o sea, el resultado sonoro que una imagen debería producir, los estudiantes exploran objetos a partir únicamente de su sonido y no de su aspecto visual (Ver Hug y Kemper, 2014). Un ejemplo muy común en clases de música es la utilización de dos mitades de nuez de coco para imitar el galopar de un caballo.

7 ¿Por qué la exploración sonora es una propuesta de inclusión?

El ejercicio de planear actividades de exploración sonora que sean significativas para todos los estudiantes exige ponerse en el lugar de cada uno para comprender mejor cómo la música y los sonidos son percibidos. Desde esa reflexión entendemos, por ejemplo, que la música no se percibe solo por el oído, sino también por la piel y los huesos, como nos demuestra la Neurociencia (Levitin, 2014), lo que significa que personas con discapacidad de origen auditivo también "escuchan" música. Por otro lado, hay que tener en cuenta que los estímulos auditivos

9   Todavía prefiero mantener solo esos cuatro grupos de instrumentos en lugar de incluir la quinta categoría – electrófonos – sistematizada por Hood décadas después de la propuesta original de Hornbostel y Sachs, ya que, en último análisis, toda fuente sonora de los electrófonos es un membranófono (los altavoces) o un idiófono (los altavoces vibratorios pegados a distintas superficies).

y visuales son recíprocos[10], de forma que la audición provoca procesamientos visuales y la visión provoca procesamientos audibles (Levitin, 2014).

Con base en todo lo expuesto hay que considerar la exploración sonora como una forma de ampliar sobremanera la relación con la música, ya que para comprender y dominar el fenómeno acústico es necesario interiorizar experiencias de percepción (Ver Merleau-Ponty, 2011). Muchos autistas, por ejemplo, tienen una hipersensibilidad a los sonidos, lo que puede parecer un problema, en particular en los casos en que determinados sonidos pueden asustarlos. Sin embargo, esta elevada sensibilidad no supone un impedimento a la hora de trabajar con sonidos muy delicados, actividad en la que pueden verse inmersos largo tiempo, por ejemplo, frotando hojas de papel, con el objetivo, entre otros, de aprender a descubrir lo que Claire Renard (1982) llama "sonidos minúsculos".

Una vez que comprendemos que las experiencias musicales son siempre únicas, y que cada uno construye un conjunto de interpretaciones e interrelaciones ante la música, traer "materialidad" a lo que es tan abstracto y efímero, por medio de la manipulación de objetos sonoros, permite una inclusión múltiple. Tal aproximación permite reforzar lo que Violeta Hemsy de Gainza (2013) enfatiza como una de las necesidades básicas de la Educación musical: el desarrollo de "mundo sonoro interno" (p. 195) de cada uno de nosotros.

8 Conclusión

A modo de conclusión, si la música es "el arte de coordinar fenómenos acústicos para producir efectos estéticos" (Barsa, 1994), es muy plausible que la Educación Musical deba promover un largo conjunto de experiencias sonoras, donde la exploración de los objetos debe ser una actividad constante. Sin embargo, para asumir esta orientación pedagógica debemos revisar las formas tradicionales por las cuales enseñamos música desde hace muchos años. Eso no significa divorciarse de la formación de conservatorio de muchos de nosotros, músicos profesionales y maestros de música, sino agregar prácticas que nos posibilitan la multitud de objetos sonoros, siempre con un oído curioso y sin prejuicios. En verdad, no hay mucha originalidad en toda esa discusión, sino el poner en valor una práctica investigadora común a todos los niños: producir sonidos.

---

10 Tales cruces sensoriales son experiencias de sinestesia muy normales en todas las personas, y nos permiten comprender que aquellas en situación de discapacidad de origen intelectual tienen otras formas de experiencia musical, ya que el contacto con un estímulo sonoro va más allá de caminos de procesamientos auditivos simples y directos.

La función de este capítulo dentro del presente volumen no es otra que poner en valor las posibilidades didácticas que nos ofrece la exploración de los objetos sonoros y con ello favorecer un cambio en nuestra mirada como docentes. Que simples objetos del día a día puedan convertirse en instrumentos musicales supone, efectivamente, un cambio de perspectiva en tanto en cuanto se hace necesario ponerse en el lugar del otro, otorgando un privilegio a su punto de vista, lo que tiene como consecuencia una mejor comprensión de sus necesidades e intereses. Conociendo al otro e interesándose por él que duda cabe que se incluye. Por último, debemos recordar que nuestra relación con la música no ha variado a lo largo de 200 000 años y, en los últimos cien la revolución ha sido radical, llevando la experiencia musical a niveles de abstracción nunca imaginados. Quizás manipular el sonido de manera concreta es una forma de volver hacia la esencia de nuestra humanidad, poniéndola a prueba y demostrando que esta es coincidente en lo esencial, a la vez que esencialmente diversa.

Referencias

Barsa, [Enciclopédia] (1994). *V. 11*. Encyclopaedia Britannica.

Blacking, J. (1973). *How musical is man?* University of Washington Press.

Delalande, F. (1984). *La musique est um jeu d'enfant*. Buchet/Chastel.

Flesch, C. (1931). *Le problème de la sonorité dans l'art du violon*. Max Eschig.

Garcia, T. (1999). A riqueza do tempo perdido. *Educação E Pesquisa, 25*(2), 109–125. https://doi.org/10.1590/S1517-97021999000200009

Hemsy de Gainza, V. (2013). *El rescate de la pedagogía musical*. Lumen.

Hopkin, B. (1996). *Musical Instrument Design*. See Sharp Press.

Hug, D. & Kemper, M. (2014). From foley to function: a pedagogical approach to sound design for novel interactions. *Journal of Sonic Studies, 6*(1), 11–35. http://journal.sonicstudies.org/vol06/nr01/a03

Leibovich, L. (2018). *Do Toque ao Clique: catálogo de exposição*. SESC

Levitin, D. (2014). *A música no seu cérebro*. Civilização Brasileira.

Mateiro, T. & Ilari, B. (2012). *Pedagogias em educação musical*. InterSaberes.

Merleau-Ponty, M. (2011). *Fenomenologia da percepção*. Martins Fontes.

Michels, U. (1996). *Atlas de música*. Alianza Editorial.

Mithen, S. (2006). *The singing neanderthals*. Phoenix.

Renard, C. (1982). *Le geste musical*. Van de Velde.

Romanelli, G. (2016). Falando sobre a arte na BNCC– um ponto de vista da educação musical. Linguagens - *Revista de Letras, Artes e Comunicação, 10*(3), 476–490. http://dx.doi.org/10.7867/1981-9943.2016v10n3p476-490

Schaeffer, P. (1966). *Traité des objets musicaux*. Éditions du Seuil.

Schafer, M. (1991). *O ouvido pensante*. Editora UNESP.

Vandervorst, M. (2006). *Nouvelles lutheries sauvages*. Éditions Alternatives.

Laura Tojeiro Pérez[1] y Adriana Cristina García García[2]

El ecosistema musical como metáfora: empleo en ámbitos profesionales y posibilidades educativas

Resumen: Este capítulo analiza el uso del término *ecosistema* para referirse a los elementos, procesos y relaciones implicados en el lenguaje musical, analizando la relación de la música con el entorno y entendiéndola como parte del ecosistema en el que vive y se relaciona el ser humano. El objetivo de este estudio es analizar los usos y percepciones del término *ecosistema musical.* Para ello, se plantea una investigación cualitativa orientada a conocer la visión de los profesionales de distintos colectivos musicales. Encontraremos una buena predisposición a usar esta metáfora referida a la relación de los músicos con el entorno y presentaremos una novedosa serie de analogías entre música y ecosistema para facilitar la comprensión del lenguaje musical.

Palabras clave: ecosistema, lenguaje musical, metáfora, paralelismos.

1 Introducción

La ONU define el ecosistema como un complejo formado por todos los componentes vivos y no vivos que interactúan como una unidad funcional en una determinada zona (Smakhtin, 2020). Este concepto tiene origen en los siglos XVIII y XIX, cuando "los naturalistas se empezaron a preocupar por conocer formalmente los patrones de distribución geográfica de los organismos" (Maass & Martínez-Yrízar, 1990, p.11). Desde entonces, este concepto ha sido ampliamente extendido a otros ámbitos. Términos como *ecosistema* o *ecología* son empleados como metáforas que permiten estudiar como un todo los elementos, contextos y relaciones que conforman diferentes realidades, desde una perspectiva que integra lo natural, lo cultural, lo social y lo personal.

En el ámbito educativo destaca el concepto de *ecología del aprendizaje,* que para Siemens es el "espacio en el que ocurre el aprendizaje" (2007, p. 63). Este concepto ha sido ampliado por autores como Lemke (2000), al considerar los procesos y no solo los espacios, por Barron (2006), al explicar qué ocurre en esos espacios en términos de actividades, recursos materiales, relaciones e

---

1 Universidad de Santiago de Compostela.
2 Conservatorio Superior de Música de A Coruña.

interacciones, o por Jackson (2013), que puntualiza que las ecologías del aprendizaje son sistemas vivos, constan de dimensiones espaciales y temporales y permiten conectar distintos espacios y contextos de aprendizaje (físicos, sociales y
virtuales) que se solapan a lo largo de la vida.

El término *ecosistema* goza de mayor difusión como metáfora. A través de los
principales motores de búsqueda de Internet, recopilamos alusiones a distintos
tipos de ecosistemas en los campos sociocultural, empresarial, tecnológico, educativo… Según Piteo (2016), el ecosistema "es un organismo vivo (campo bio-
lógico) pero también constituye un sistema: es una red (un todo) que interactúa
con otros sistemas y que, a su vez, dentro de sí contiene elementos que se interre-
lacionan" (p.64). Estas características facilitan su aplicación como metáfora en
numerosas disciplinas, entre ellas la música.

La metáfora de ecosistema más ampliamente extendida en relación con la
música es la que se aplica a la industria musical. A nivel empresarial, la metáfora
biológica se asocia a la cooperación y evolución del mercado, así como a las ventajas competitivas (Restrepo & Restrepo, 2012). Entre otros autores, Frau-Cortès
(2012) describe cómo el nuevo ecosistema musical constituye un término de
actualidad en la industria musical, Gutiérrez et al. (2012) estudian cuál es el rol
del nuevo ecosistema digital en el consumo de los contenidos musicales, Arango
Retiz (2020) analiza cómo comercializar la música dentro de lo que considera
el ecosistema digital, y Mena y Maccari (2016) señalan en su guía las claves y
herramientas para descifrar el ecosistema actual de la música.

Respecto a otros enfoques del ecosistema musical, Serra (2016) se refiere a
la importancia de cambiar hacia un nuevo ecosistema de aprendizaje musical,
y Díaz (2020) señala que el grupo musical del que ella misma forma parte se
identifica con un ecosistema. En esta línea, esta investigación procura ampliar
la metáfora del ecosistema, estableciendo otras categorías en las que el término
puede ser útil, no solo en el campo de la industria musical, sino abarcando también los procesos de creación y educación musical. Se analizará el potencial de
este concepto a nivel educativo, para ayudar al alumnado de enseñanzas musicales a comprender globalmente el funcionamiento interno de los diversos lenguajes musicales y a conocer el mundo musical profesional.

2 La investigación cualitativa

La investigación desarrollada tiene por finalidad conocer y analizar los usos y
percepciones del término *ecosistema musical* en los músicos profesionales de
la Comunidad Autónoma de Galicia (Tojeiro Pérez, 2021). Con ello, permite
detectar posibles debilidades y necesidades educativas de cara a diseñar una

Tabla 1. Perfiles de los colectivos entrevistados

Colectivos	Representantes
Relacionados con la industria musical	Instrumentistas, vocalistas, compositores y arreglistas de diferentes grupos musicales
Relacionados con la dirección musical	Directores de bandas de música y agrupaciones corales
Relacionados con la gestión cultural	Críticos musicales, asesores, editores y organizadores de eventos musicales
Relacionados con la enseñanza musical reglada	Docentes de Infantil, Primaria, Secundaria y/o conservatorio con cargos directivos
Relacionados con la enseñanza musical no reglada	Docentes de escuelas de música privadas y escuelas municipales con cargos directivos
Relacionados con enseñanzas musicales superiores	Docentes de conservatorio superior y de universidad
Representantes de diversas asociaciones musicales	Musicrearte, Asomúsica y Asociación Gallega de Compositores

aportación didáctica sobre el ecosistema musical orientada al último curso de Lenguaje Musical.

Siguiendo la influencia de John A. Sloboda, esta investigación pretende comprender el hecho musical en el mundo real, estudiando "cómo los valores sociales, culturales y personales afectan al papel de la música en la sociedad y al grado en que los individuos tienden a desarrollar sus habilidades musicales" (Díaz & Giráldez, 2007, p.236). Partimos de la hipótesis de que el ecosistema real en el que se integran los músicos ejerce una gran influencia sobre su carrera, considerando el peso del entorno desde las primeras etapas formativas y a lo largo de su vida profesional. Así, la entrevista en profundidad nos parece la herramienta más adecuada para obtener información sobre las diferentes experiencias, necesidades y opiniones de los distintos músicos profesionales.

3 La población investigada

Con el objetivo de acercarnos de manera más global y rigurosa a la temática investigada, los profesionales entrevistados fueron seleccionados por ser representantes de diferentes colectivos de músicos y agrupaciones musicales de Galicia. Los criterios que se siguieron para la selección de los diez participantes fueron la representatividad y variedad del colectivo, la multidisciplinariedad del perfil, así como el género, edad y ubicación geográfica. Los perfiles resultantes se reflejan en la Tabla 1.

4 Los resultados de la investigación

En el análisis cualitativo se codificaron un total de 406 segmentos resultantes de los 10 documentos de entrevista analizados. Estos segmentos se agruparon en un total de 17 categorías de análisis, que a su vez se analizaron en seis grandes dimensiones: datos sobre la población investigada, reflexiones generales sobre el ecosistema musical, limitaciones y problemáticas actuales y futuras, propuesta de soluciones, el ecosistema musical en el sistema educativo y críticas a la investigación.

Los hallazgos muestran una percepción del ecosistema musical relacionada mayoritariamente con la industria musical, con el entorno social y familiar y con la educación musical. Así lo describe una de las entrevistadas: "Probablemente los seres vivos más visibles del ecosistema musical son los músicos. Pero bueno, después, igual que en cualquier ecosistema, creo que también hay muchos seres vivos que están directamente relacionados con la actividad de estos músicos" (Entrevistada 9). En este sentido, los profesionales entrevistados ofrecieron visiones muy variadas sobre el ecosistema musical, cuyos testimonios más representativos se recogen en la Tabla 2:

Es especialmente reseñable el hecho de que la mayor parte de entrevistados relacionasen el ecosistema musical con cuestiones asociadas a la industria musical, sin ser conocedores (salvo en uno de los casos) de que este término se usa realmente de forma habitual en este ámbito. En este sentido se mencionó especialmente la labor de representantes, programadores culturales, técnicos de sonido, e incluso servicios de *catering* y montaje de escenarios. Como describe uno de los entrevistados, "como en todos los ecosistemas el perfecto equilibrio e interrelación es necesario, un entorno social favorable será generador de una industria musical" (E. 7).

Por otro lado, con respecto a la influencia del entorno en el músico profesional, los diferentes entrevistados identifican diferentes factores influyentes, destacando la comunicación y los contactos, el ambiente profesional y la práctica y formación continua. Algunos entrevistados mencionan la suerte y el azar, y las preferencias musicales de cada uno como factores influyentes del entorno: "hay dos grupos que son igual de buenos y que trabajan lo mismo, ¿por qué uno sí y otro no? Ahí sí que es estar en el momento adecuado y en el lugar adecuado, entonces también la suerte puede influir" (E. 3).

Además, es importante señalar que todos los entrevistados apuntan a que el ambiente condiciona de forma determinante la carrera musical, ya sea el ambiente laboral, social, familiar, económico o formativo, lo cual pone de manifiesto la influencia del ecosistema en la carrera musical. Resulta especialmente

Tabla 2. Definiciones del ecosistema musical ofrecidas por los entrevistados

Definiciones	Testimonios
Orientadas a la variedad musical	"El ecosistema tiene que abarcar todo, desde las músicas más grandes, las grandísimas sinfonías de los grandes compositores, hasta la música popular de una aldea remota, la música tradicional. Todo es necesario, y además todo está relacionado" (E. 1).
Orientadas a la educación musical	"Yo puedo haber usado en algún momento el término de ecosistema musical para referirme por ejemplo al ambiente que puedes generar con un grupo de alumnos en proceso de enseñanza-aprendizaje" (E. 6).
Orientadas a la industria musical	"Toda la parte técnica, la gente que monta escenarios, monta sonido, monta iluminación… es una parte que puede parecer invisible pero que implica mucha gente" (E. 2).
Orientadas al músico y agrupaciones musicales	"Las bandas (…) funcionan como un propio ecosistema, y me pregunto cómo podemos hacer para que, en el entorno en el que estamos, la banda esté más metida en la gente, y la gente esté más metida en la banda" (E. 1).
Orientadas al entorno social y familiar	"Sería el ecosistema en el que naces y en el que creces, y en el que te vas formando por proximidad a la gente de la que te rodeas" (E. 4).
Orientadas al desarrollo profesional	"El ecosistema sería cualquier actividad productiva que rodee mi entorno musical destinada a la generación de profesionales, que perdure en el tiempo y que además tenga una organización" (E. 10).
Orientadas a la instituciones musicales	"El entorno podría estar constituido por todo tipo de "entidades" en las que los músicos desarrollen su actividad" (E. 9).

destacable el peso que los entrevistados otorgan a los recursos económicos en la profesión musical: "No se trata de hacer música solamente, sino de vivir un ambiente profesional propicio y generador de proyectos que además pueda mantener económicamente al músico. El músico que quiera vivir de su trabajo se ve obligado a salir fuera de su entorno para subsistir" (E. 7).

Por último, es importante señalar que ninguno de los profesionales se mostró sorprendido por el empleo del término ecosistema musical, sino que valoraron positivamente el empleo de este concepto aplicado a la música, resaltando en muchos casos conceptos específicos relacionados con el ecosistema como el *entorno* que rodea al músico, la *contaminación* musical, el *equilibrio* del ecosistema, los *factores* que condicionan la carrera musical o las *interrelaciones* sociales y personales, entre otros.

5 Aportación didáctica

Si bien las entrevistas aportaron mucha información de interés sobre la relación de los músicos profesionales con su entorno, es destacable que ningún entrevistado asociase el concepto de ecosistema musical a la interrelación entre los propios elementos del lenguaje musical o al propio funcionamiento interno de la música. Al no encontrar esta acepción de ecosistema musical en la bibliografía consultada ni en las respuestas obtenidas, nos pareció interesante presentar una propuesta de paralelismos entre elementos del ecosistema y elementos musicales o estrechamente relacionados con la música. Esta teoría se plasma en una aportación didáctica con actividades para integrar este concepto en las clases de 2.º curso de Grado Profesional de Lenguaje Musical (Tojeiro Pérez, 2021), incluyendo ejercicios de reflexión, documentación, análisis crítico musical, creación de paisajes sonoros, composición de piezas musicales, descubrimiento de estilos musicales, conocimiento de músicas de otras culturas, y otros ejercicios de carácter práctico para comprender de forma holística el ecosistema musical, sus elementos e interrelaciones.

La relación de elementos puramente musicales permite estructurar lenguajes musicales coherentes, características definitorias del estilo, conexiones entre distintas secciones de una misma obra… En cuanto al papel del contexto, resulta clave para entender las manifestaciones culturales, como es la música, con especial influencia en los niveles poiético y estésico de la tripartición propuesta por Molino-Nattiez. Este concepto de ecosistema musical no solo tiene potencial en el ámbito del análisis, sino también en campos como la didáctica o la orientación laboral.

6 Conclusiones

La metáfora del ecosistema no resulta ajena a los músicos entrevistados. Algunos ya la empleaban, referida a la industria musical; otros la acogen con naturalidad para dar explicación a la realidad de su ambiente. Su visión resultó muy enriquecedora para elaborar una imagen del ecosistema musical gallego e identificar necesidades formativas en este campo. Por ejemplo, algunos reclaman dar más peso a la orientación laboral, la gestión musical y la formación pedagógica en los conservatorios, más formación musical en la mención del Grado en Educación Primaria, más educación emocional y afectiva, una mayor financiación y protección institucional, así como aumentar la presencia de profesionales especializados en los centros educativos; también se reclamó la puesta en valor de una oferta cultural variada y diversa, y la creación de espacios interdisciplinares.

Coinciden con los autores de la bibliografía en relacionar el concepto de ecosistema con realidades de su entorno como la industria musical (como Frau-Cortès o Mena y Maccari), el sistema educativo o el funcionamiento de las propias agrupaciones musicales (como Díaz). La mayoría son músicos polifacéticos que desarrollan su actividad en distintos ambientes, de los que siguen aprendiendo durante toda su vida, lo que conecta con muchas características de las ecologías del aprendizaje (como Jackson).

Sin embargo, ni en las entrevistas ni en la bibliografía hemos hallado el uso de términos como *ecosistema* o *ecología* para explicar las relaciones entre elementos de las obras musicales (ritmo, armonía, melodía, textura, forma…). Proponemos extender el uso de la metáfora del ecosistema musical, pues permite entender la naturaleza de las relaciones entre todos los elementos que conforman, posibilitan, favorecen o amenazan la actividad musical, tanto a nivel interno como externo, dejando patente que la interrelación entre elementos es clave para el funcionamiento del conjunto.

Referencias

Arango Retiz, J. D. (2020). *Guía para la comercialización musical en el ecosistema digital colombiano* [Trabajo final de grado]. Pontificia Universidad Javeriana.

Barron, B. (2006). Interest and Self-Sustained Learning as Catalysts of Development: A Learning Ecology Perspective. *Human Development, 49*, 193–224.

Díaz, M. & Giráldez, A. (2007). Aportaciones teóricas y metodológicas a la educación musical. Una selección de autores relevantes. Graó.

Díaz, R. (2020). El Gran Poder de Diosa: Un ecosistema musical. *Revista Global*, 77–79

Frau-Cortès, N. M. (2012). Música i noves tecnologies: Compositors i intèrprets en l'Era Digital. *Sonograma Magazine, 13.* https://sonograma.org/2012/01/la-musica-i-les-noves-tecnologies-compositors-i-interprets-en-lera-digital/

García, J. E. (2003). Investigando el ecosistema. *Revista Investigación en la Escuela, 51,* 83–100.

Gutiérrez, M., Ribes, X. & Monclús, B. (2012). La audiencia juvenil y el acceso a la radio musical de antena convencional a través de internet. *Comunicación y Sociedad, 24*(2), 305–331.

Jackson, N. J. (2013). The concept of learning ecologies. En N. J. Jackson & G. B. Cooper, Eds.). *Lifewide Learning, Education and Personal Development.* Lifewide.

Lemke, J. (2000) Across the Scales of Time: Artifacts, Activities, and Meanings in Ecosocial Systems. *Mind, Culture and Activity, 7*(4), 273–290.

Maass, J. M. & Martínez-Yrízar, A. (1990). Los ecosistemas: Definición, origen e importancia del concepto. *Ciencias, 4.*

Mena, M. & Maccari, B. (2016). Guía Rec. *Claves y herramientas para descifrar el ecosistema actual de la música.* Cultura Argentina.

Restrepo, L. A. M. & Restrepo, I. A. M. (2012). Aplicación de la metáfora biológica para el desarrollo de formas organizativas en la integración empresarial. *Revista Facultad de Ciencias Económicas: Investigación y Reflexión, 20*(2), 43–54.

Serra, J.-A. (2016). Hacia un nuevo ecosistema musical. *Scherzo: revista de música*, *31*(319), 100.

Smakhtin, V. (2020). Los ecosistemas dentro del ciclo mundial del agua. *Crónica ONU.* https://www.un.org/es/chronicle/article/los-ecosistemas-dentro-del-ciclo- mundial-del-agua

Siemens, G. (2007) Connectivism: Creating a Learning Ecology in Distributed Environments. En T. Hug (Ed.) D*idactics of Microlearning: Concepts, Discourses and Examples* (53–68). Waxmann.

Tojeiro Pérez, L. (2021). *El ecosistema como metáfora para facilitar la comprensión musical* [Trabajo de Fin de Estudios, Conservatorio Superior de Música de A Coruña]. Material no publicado.

Jonatan Sevilla Requena[1], Eduardo Sánchez-Escribano García de la Rosa[2] y Felipe Gértrudix Barrio[3]

Aprendizaje colectivo en enseñanzas elementales de música: análisis legislativo y curricular

Resumen: La legislación educativa española ha empezado a interesarse por el aprendizaje musical instrumental en grupo en las últimas décadas. En concreto, en las enseñanzas elementales de música cada comunidad autónoma es la encargada de su regulación. El principal objetivo de este trabajo es analizar cada marco legislativo regional en lo que respecta a la educación instrumental colectiva en esta etapa. De tal forma, se analizan las siguientes variables a partir de cada marco normativo regional: espacio curricular, carga lectiva, evaluación, obligatoriedad y peculiaridades específicas. Como conclusión, se extrae que existe una alta flexibilidad territorial en la concreción curricular, factor que puede generar incoherencias y falta de homogeneidad interregional. Además, algunos modelos son más cercanos a las tendencias internacionales mientras otros tienden hacia la individualidad característica del modelo de conservatorio centroeuropeo.

Palabras clave: educación musical instrumental, conservatorio, ley educativa, aprendizaje colectivo.

1 Introducción

Con la llegada de la LOGSE (1990) se inició una reforma que comprendió todo el sistema educativo. Dicha reforma también afectó significativamente a las enseñanzas musicales en los conservatorios, siendo el fomento de las asignaturas relacionadas con la práctica instrumental en grupo, uno de sus puntos más relevantes en dicho replanteamiento. Así, se creó por primera vez un espacio curricular específico desde 3.º de Grado Elemental para agrupaciones instrumentales como orquestas, bandas y otros grupos (Ibeas, 2016). Más tarde, dicha etapa pasaría a llamarse Enseñanzas Elementales de Música —en adelante, EEM—. Según se especifica posteriormente en la LOE (2006), las EEM tendrán las características y la organización que cada administración educativa determine. De hecho, algunas

---

1 Universidad de Castilla La Mancha
2 Universidad de Castilla La Mancha
3 Universidad de Castilla La Mancha

regiones, como Cataluña y Navarra, no contemplan esta etapa educativa como reglada, delegando esta formación a las escuelas de música (Sánchez-Escribano, 2020a). En el caso concreto de la enseñanza instrumental colectiva, a pesar de tener, *a priori*, un espacio curricular propio, es cada comunidad autónoma la que configura su propia propuesta formativa en última instancia.

Actualmente, España cuenta con una extensa red de conservatorios profesionales; centros que, en esencia, responden a una metodología conservadora e individualista con origen en el modelo educativo centroeuropeo del siglo XVIII (Villanueva, 2014). No obstante, existen corrientes que demandan la necesidad de transformar estas instituciones educativas en espacios que respondan realmente a las necesidades actuales de la sociedad, y no únicamente a formar profesionales de la música para ejercer como solistas, puestos que, en la inmensa mayoría de los casos, nunca llegarán a ocupar (Tregear et al., 2016). Paralelamente, y teniendo en cuenta las propuestas de otros sistemas educativos internacionales considerados como referentes, somos testigos de cómo los espacios de práctica musical colectiva integran un núcleo de prioridad en lo que a formación instrumental respecta y donde el perfeccionamiento individual es una consecuencia y no un fin en sí mismo (Sánchez-Escribano, 2020b).

Más allá de sus múltiples beneficios educativos y contribuciones para el desarrollo holístico del individuo ampliamente avalados por la comunidad científica (Cumberledge, 2017), en la enseñanza instrumental colectiva radica una de las mayores fortalezas educativas de los actuales conservatorios, ya que suponen una enriquecedora y motivadora actividad para el alumnado y, además, una seña de identidad para los propios centros (Ponce de León, 2017). De hecho, la realidad e idiosincrasia músico-cultural española está principalmente constituida por agrupaciones musicales como bandas, coros, rondallas y orquestas populares (Pacheco, 2012). Por otro lado, cabe destacar el estudio de Zarzo (2013), quien aboga por la creación de comunidades artísticas de aprendizaje y pone como ejemplo educativo y de desarrollo al fenómeno sociocultural de las históricas sociedades musicales de la Comunidad Valenciana. Para los conservatorios españoles, una perspectiva de aprendizaje basado en las competencias es una oportunidad para situar en el centro de interés pedagógico al desarrollo integral del alumnado y su correspondiente empleabilidad (Zarzo, 2017). Para ello, necesariamente hay que fijar la mirada en qué y cómo estamos enseñando en los espacios de formación musical colectiva o si, directamente, estamos ofreciendo la oportunidad a los estudiantes de experimentar la vivencia de tocar un instrumento musical en grupo (Villanueva, 2014).

En este contexto, es necesario prestar atención a cómo está planteada y estructurada la formación colectiva de las EEM en los distintos marcos normativos, ya que supone el inicio de la propia trayectoria musical y, además, las agrupaciones integran el principal ámbito de práctica musical para alumnado egresado. De tal forma, el principal objeto de estudio del presente trabajo es analizar y comparar el actual marco legislativo de cada comunidad autónoma respecto a la educación instrumental colectiva en el currículo de las EEM. Por otro lado, también busca estudiar en qué medida cada región se está adaptando a las nuevas demandas y necesidades educativas en lo que a la formación musical instrumental respecta.

2 Estudios previos relacionados al campo de estudio

Tras realizar un barrido bibliográfico se observa una alta deficiencia de trabajos respecto al análisis legislativo y curricular de las enseñanzas colectivas instrumentales en las EEM. Por el contrario, sí se pueden encontrar investigaciones que, de manera global, analizan la legislación y ciertos aspectos curriculares de las enseñanzas artísticas musicales en España.

Por citar algunos ejemplos, Marzal (2017) analiza el marco regulador de las enseñanzas artísticas de música, identificando peculiaridades estructurales, funcionales y, entre otras, organizativas desde la etapa elemental a la superior. Pérez (2001) realiza un recorrido por las legislaciones de las diferentes enseñanzas y etapas en las que tiene presencia la educación musical como son la educación general, los conservatorios, las escuelas de música y la enseñanza universitaria. Por último, la tesis de Domínguez-Lloria (2019) un trabajo que analiza la situación de la enseñanza musical no superior en Galicia y aborda, en parte, la gestión, organización y currículo de las diferentes leyes autonómicas de las enseñanzas musicales.

Paralelamente, en referencia a estudios sobre enseñanza instrumental colectiva dentro de las EEM, existen trabajos de temática diversa. En primer lugar, aparecen trabajos que muestran la importancia de la clase colectiva de instrumento y dan pautas de actuación dentro de la misma. Estos son, por ejemplo, la tesis doctoral de Campá (2012) sobre violonchelo, los trabajos de Díaz (2016) en el oboe, Rodríguez (2001) en la guitarra, o el libro coordinado por Marrero (2011) sobre diversos instrumentos de cuerda y viento. También, encontramos el análisis sobre el aprendizaje en grupo de las enseñanzas elementales en Andalucía desde el punto de vista del profesorado, como es el caso de Tuñón (2020), o valoraciones y reflexiones de la clase colectiva desde un punto de vista menos científico como Sarmiento (2005). Finalmente, otros trabajos destacables analizan la situación del abandono en las EEM de Canarias, como son Lorenzo (2012) y Valencia et al. (2003).

Por tanto, los trabajos encontrados abordan de manera general la legislación de la educación musical en sus diferentes etapas y enseñanzas, así como diferentes temáticas de carácter pedagógico relacionadas con la colectividad, pero no se han encontrado estudios que, de manera particular, relacionen las diferentes legislaciones y currículos de las EEM de cada comunidad autónoma en lo que a enseñanza instrumental colectiva se refiere. Por ello, el trabajo propuesto busca cubrir dicho vacío e integrar una contribución original y de referencia al campo de estudio de estas enseñanzas, en general, y de este nivel educativo, en concreto.

3 Metodología

El presente estudio está principalmente basado en el análisis documental comparativo como elemento vehicular, por lo que responde a una naturaleza esencialmente cualitativa (Bisquerra, 2019). Las principales herramientas de investigación empleadas son, por un lado, el análisis de contenido legislativo de los marcos normativos autonómicos vigentes y, por otro lado, la consulta de fuentes bibliográficas. En cuanto al barrido bibliográfico, se han consultado diferentes bases de datos como Teseo, Dialnet y Redinet, así como otros repositorios académicos. Asimismo, los principales filtros de búsqueda empleados han girado en torno a términos y conceptos como aprendizaje colectivo instrumental, enseñanzas elementales de música y legislación en materia de estudios reglados de música.

En cuanto a la muestra del estudio, es preciso destacar que se han tenido en cuenta el contexto legal de todas las Comunidades y Ciudades Autónomas de España en materia de EEM, a excepción de Cataluña y Navarra, ya que no contemplan como reglada dicha etapa al tener delegado ese espacio formativo en las escuelas de música.

Respectivamente, se analizan y comparan las siguientes variables de investigación de cada uno de los marcos normativos autonómicos de España de la enseñanza colectiva instrumental dentro de las EEM: 1) espacio curricular; 2) carga lectiva; 3) evaluación; 4) obligatoriedad; 5) peculiaridades específicas de cada propuesta.

4 Resultados

Los correspondientes resultados del presente trabajo provienen, respectivamente, del análisis de las cinco variables anteriormente expuestas. Asimismo, en la Tabla 1 (véase al final del capítulo) se exponen los resultados directamente obtenidos a partir del análisis de contenido legislativo y, a continuación, se profundizan y exponen individualmente los aspectos más relevantes y contrastantes de cada una de las variables propuestas. De igual modo, en la exposición de cada variable se detalla el concepto y definición de la misma, los diferentes escenarios encontrados y, para finalizar, otra información relevante a destacar.

Espacio curricular

En primer lugar, se refleja el espacio curricular que sustenta la enseñanza musical colectiva instrumental dentro de cada currículo. Es decir, si constituye una asignatura o materia en sí misma o existen otras variantes curriculares. De esta forma, se han obtenido los siguientes modelos: 1) espacio integrado en la asignatura de instrumento; 2) espacio propio como asignatura colectiva; 3) espacio integrado en la asignatura de instrumento, pero con diferenciación curricular; 4) alusiones concretas en el currículo, pero no especificadas en concreción; 5) sin espacio y mención propia en el currículo.

El tipo de espacio curricular más habitual es la integración de la formación instrumental colectiva dentro de la asignatura de Instrumento. Cabe destacar el caso de Islas Baleares, donde la enseñanza colectiva cuenta con espacio curricular propio y reconocimiento como asignatura. De igual modo, son significativos los casos de Andalucía y Canarias, ya que inician el aprendizaje instrumental de manera exclusivamente colectiva en el primer ciclo. Aquí, la enseñanza colectiva es clasificada como integrada por aparecer en el currículo bajo la denominación de Instrumento, pero en el segundo ciclo se les confiere espacio. Por su parte, País Vasco y Comunidad Valenciana presentan un espacio propio en el segundo ciclo, sucediendo algo similar a Canarias en cuanto a Percusión, puesto que es colectiva, pero se designa por el nombre del instrumento. En el lado opuesto se encuentran tres comunidades: Asturias, en la cual no existe espacio curricular para el aprendizaje instrumental colectivo (excepto para Percusión), así como Extremadura y Galicia, en cuyos decretos aparecen alusiones curriculares inconclusas en lo que a esta materia respecta.

Carga lectiva

En segundo lugar, se muestran las diferentes cargas lectivas que posee la enseñanza instrumental colectiva y, a grandes rasgos, donde se han detectado cada uno de los diferentes modelos identificados: 1) 1 h semanal y 2 h en Percusión; 2) 2 h en el primer ciclo y 1 h en el segundo; 3) 1 h semanal solo en el segundo ciclo y 2 h en percusión cada ciclo; 4) 1 h semanal solo en el segundo ciclo y 1 h en percusión cada ciclo; 5) 1 h semanal durante toda la etapa; 6) optativa en el segundo ciclo; 7) flexibilidad en el reparto de horario entre la clase individual y colectiva; 8) decretos de comunidades que no contemplan horario en específico.

La carga lectiva más frecuente es 1 h semanal y 2 h en Percusión. Esta se da en regiones como Aragón, Cantabria, Ceuta y Melilla, La Rioja, Madrid y Murcia. Andalucía y Canarias, con 2h, otorgan la mayor carga lectiva colectiva de Instrumento en el primer ciclo (exceptuando el caso de Percusión en algunas comunidades). Es reseñable que, Castilla-La Mancha, presenta una carga abierta en el primer ciclo (1 h o 2 h para Instrumento individual y colectivo) y, además, la enseñanza instrumental colectiva es opcional en el segundo ciclo. Extremadura y Galicia no contemplan carga lectiva. Por su parte, Asturias indica una carga opcional en el segundo ciclo.

Evaluación

En tercer lugar, se aborda la variable de la evaluación. Aquí, se refleja si se evalúa o no la práctica instrumental colectiva y, de manera secundaria, si lo hace como asignatura propia o dentro de la misma asignatura del instrumento principal.

En esta variable, predomina la evaluación dentro de la asignatura de Instrumento. Islas Baleares evalúa la clase colectiva de manera independiente a Instrumento durante toda la etapa y, de la misma forma, Andalucía, País Vasco y Comunidad Valenciana, en el segundo ciclo. Es destacable que, aunque bajo el paraguas de Instrumento, Canarias y Ceuta y Melilla cuentan con diferenciación curricular para evaluar la clase colectiva.

Obligatoriedad

En cuarto lugar, se analiza la obligatoriedad de este tipo de formación en las diferentes propuestas curriculares autonómicas de EEM. Es decir, si los centros se encuentran obligados o no a impartir dichas materias por normativa aplicable.

Para la mayor parte de comunidades que cuentan con enseñanzas instrumentales colectivas, se deduce obligatoriedad de aplicación, pero no siempre se especifica. Cabe citar dos regiones por ser casos excepcionales. Por un lado, Asturias, donde se deja de manera opcional en el segundo ciclo, pero no existe espacio curricular aplicable, como se ha podido observar anteriormente. Por otro lado, la ambigüedad de Castilla-La Mancha, la cual deja abierta la carga lectiva en el primer ciclo y, además, indica que es opcional en el segundo.

Peculiaridades

En quinto lugar, se tiene en cuenta la variable denominada "peculiaridades", ya que se han identificado ciertas características singulares en algunos de los marcos normativos analizados.

En este sentido conviene destacar que en algunas Comunidades Autónomas el aprendizaje instrumental inicial es exclusivamente colectivo (Andalucía o Canarias). Además, es importante indicar la cantidad de incoherencias curriculares que aparecen en numerosos decretos. En algunas regiones existen alusiones a la práctica instrumental colectiva, pero, o no se concretan de igual forma a lo largo de los objetivos, contenidos y criterios de evaluación, o quedan en meras alusiones en la introducción. En otras, incluso a pesar de haber referencias dentro de la asignatura de Instrumento, la ratio es 1/1 o no existe espacio curricular, lo que hace imposible su puesta en práctica. Se pueden ver ejemplos de incoherencias en Asturias, Comunidad Valenciana, Castilla y León, Extremadura, Galicia, La Rioja, Madrid o País Vasco.

5 Conclusiones

A pesar de que se ha ido dotando a la enseñanza instrumental colectiva de un mayor protagonismo dentro del currículo de EEM, existe una gran falta de uniformidad al ser las propias Comunidades Autónomas las encargadas de concretar finalmente la oferta educativa en esta etapa. Dicha característica trae consigo, por un lado, una gran flexibilidad, factor positivo dada su capacidad de adaptación a cada entorno, pero, por otro lado, también supone otros inconvenientes al favorecer la aparición de incoherencias curriculares y una falta de homogeneidad y concreción curricular interregional. Y como ejemplo, podemos volver a nombrar el caso de aquellas comunidades en las que la ratio profesor-alumno especificado para estas materias colectivas es de 1:1.

Más allá de que la LOGSE es autoconcebida por el colectivo de docentes de conservatorio como mala o regular por diferentes aspectos (Gómez, 2011), supuso un gran avance y reconocimiento en lo que a las enseñanzas instrumentales colectivas respecta, pasando de no tener cabida en el currículo formal del antiguo Plan 66, a gozar de denominación y espacio propio (Sánchez-Escribano, 2020a). Asimismo, dentro de la pluralidad legislativa que encontramos en la actual red de conservatorios españoles, en la mayoría de los casos, sí que existe un espacio concreto para la enseñanza instrumental colectiva. De hecho, cabe destacar los casos de Canarias y Andalucía, donde, al contrario que el resto de regiones que plantean una ratio 1:1 desde el propio inicio de la formación, únicamente se contempla la iniciación instrumental desde la colectividad durante todo el primer ciclo de EEM. Además, también precisa mención la tendencia generalizada que existe a plantear la especialidad de Percusión como un espacio íntegramente colectivo durante toda la etapa elemental.

De tal forma, este último planteamiento educativo de iniciación instrumental desde la colectividad o, de lo contrario, de dotar a la práctica colectiva de un espacio y protagonismo propio, estaría más alineado con las propuestas de otros modelos educativos considerados como de referencia internacional (Sánchez-Escribano, 2020b). Además, la práctica musical en conjunto conecta en mayor medida con las demandas sociales y motivaciones de aquellas personas que quieren iniciarse como instrumentistas y, a su vez, supone una gran oportunidad para exprimir todo el potencial educativo y de desarrollo competencial que la enseñanza musical instrumental trae consigo (Zarzo, 2017).

Respecto al objeto de estudio planteado, se puede considerar que el análisis comparativo se ha llevado a cabo satisfactoriamente, ya que se ha tenido acceso a todos los marcos normativos autonómicos vigentes. Además, dentro de la pluralidad existente en el ámbito formación instrumental colectiva a nivel nacional, se ha comprobado cómo algunas regiones dotan de mayor relevancia a los espacios y asignaturas en grupo a nivel curricular, encontrándose más alineadas con la realidad y demandas educativas a nivel internacional.

Por último, y dada la actual y gran flexibilidad normativa que existe, queremos invitar a los distintos agentes políticos y educativos regionales a reflexionar, comparar y, si se da el caso, revisar el planteamiento curricular de enseñanza instrumental colectiva en EEM. Con tal de evitar la aparición de incoherencias y velar por una igualdad de oportunidades interregional, las administraciones educativas centrales, por su parte, también han de favorecer la aparición de unos marcos normativos básicos que garanticen unos mínimos curriculares. Mientras tanto, los responsables de los centros educativos deben fomentar la creación de espacios curriculares para la práctica colectiva (o extracurriculares si el marco normativo autonómico no lo permite), con el fin de que los alumnos puedan disfrutar de la oportunidad y los beneficios que dicha actividad trae consigo, tanto para su desarrollo musical, como personal.

Referencias

Bisquerra, R. (2019). *Metodología de la investigación educativa* (6ª ed.). Arco/Libros-La Muralla.

Campá, C. de M. (2012). *Propuesta metodológica para la enseñanza de la clase de conjunto en el grado elemental aplicada al violoncello* [Tesis doctoral]. Universidad Rey Juan Carlos. http://hdl.handle.net/10115/11356

Cumberledge, J. P. (2017). The benefits of college marching bands for students and universities: a review of the literature. *Update: Applications of Research in Music Education, 36*(1), 44–50. https://doi.org/10.1177/8755123316682819

Díaz, M. I. y Pérez-García, P. (2016). Otro enfoque metodológico para la clase de instrumento: La práctica grupal. *Ensayos, 31*(1), 55–66. http://hdl.handle. net/10481/47013

Domínguez-Lloria, S. (2019). *Análisis de la organización, gestión y currículum de las enseñanzas de música no superiores en Galicia* [Tesis doctoral]. Universidade de Vigo.

http://hdl.handle.net/11093/1304

Gómez, D. (2011). La reforma educativa en la Comunidad de Madrid, resultados de su aplicación en las enseñanzas musicales. Estudio sobre la aceptación de la LOGSE en el ámbito de las enseñanzas de música y valoración comparativa de los planes de estudio 1966 y 1992. *Revista Electrónica LEEME, 28*, 78–87. https://cutt.ly/WcbwT41

Ibeas, M. (2016). *Enseñanza-aprendizaje musical: una visión de los docentes de instrumento en los conservatorios profesionales* [Tesis doctoral]. Universidad del País Vasco.

https://cutt.ly/xcbwArd

Ley Orgánica 1/1990, de 3 de Octubre, de Ordenación General del Sistema Educativo. *Boletín Oficial del Estado, 238, de 4 de octubre de 1990*, 28927 a 28942. https://cutt.ly/scbenLL

Ley Orgánica 2/2006, de 3 de mayo, de Educación. *Boletín Oficial del Estado, 106, de 4 de mayo de 2006.* 17158–17207. https://cutt.ly/0cbry0J

Lorenzo, S. (2012). *El abandono de los centros de educación musical reglada en Canarias* [Tesis doctoral].Universidad de las Palmas de Gran Canaria. https://cutt.ly/SIWi6MY

Marrero, I. (Coord.) (2011). *Pedagogía de grupo: La clase de instrumento en la relación numérica 1/3, otra forma de mejorar nuestra acción en el aula.* Consejería de Educación, Universidades, Cultura y Deportes Gobierno de Canarias. https://cutt.ly/ZIWoGsq

Marzal, R. (2017). Una política educativa errática. El modelo de las enseñanzas artísticas de música. *Gestión Y Análisis De Políticas Públicas,* (17), 100–112. https://cutt.ly/0IWfZeT

Pacheco, M. Á. (2012). *Bandas de música en los Montes de Toledo: su aportación a la educación musical* [Tesis doctoral]. Universidad de Valladolid. https://doi. org/10.35376/10324/2643

Pérez, M. (2001). La organización de la educación musical en España desde 1970: estudio a partir de los textos legales de ámbito estatal. *Aula,* (13), 191–213. https://cutt.ly/TIWpgyQ

Ponce de León, L. (2017). Las enseñanzas profesionales de música: análisis DAFO. *Música oral del sur, 14*, 253–260. https://cutt.ly/Eytz376

Rodríguez, F. J. (2001). Actividades para la clase colectiva elemental de guitarra. *Música y educación*, (47), 67–82. https://cutt.ly/aIWpTv6

Sánchez-Escribano, E. (2020a) *Estado de la formación musical instrumental en contextos escolares no universitarios de la Comunidad de Madrid. Un estudio comparado sobre el abandono formativo y la simultaneidad de las enseñanzas regladas de música* [Tesis doctoral]. Universidad de Castilla-La Mancha.

Sánchez-Escribano, E. (2020b). Aprendizaje transversal e integral del estudiante a través de la interpretación musical: el caso de Singapur como propuesta educativa alternativa. En V. Gisbert & O. M. Alegre (Eds.), *Inclusión e Innovación Educativa: Música y Cultura como herramientas docentes* (pp. 258–272). Tirant Lo Blanch Humanidades.

Sarmiento, P. (2005). Elemental: obvio, de fácil comprensión, evidente. *Scherzo, Año XX, 196*, 140–141. https://scherzo.es/hemeroteca/18183/

Tregear, P., Johansen, G., Jørgensen, H., Sloboda, J., Tulve, H. & Wistreich, R. (2016). Conservatoires in society: Institutional challenges and possibilities for change. *Arts and Humanities in Higher Education, 15*(3–4), 276–292. https://cutt.ly/EIWfmos

Tuñón, J. (2020). Opinión del profesorado de iniciación al aprendizaje instrumental de un conservatorio profesional de Andalucía acerca de los resultados de las clases de grupo. *AV Notas, 9*, 9–37. https://cutt.ly/aIWddlj

Valencia, R., Ventura, E. y Escandell, O. (2003). El abandono de los estudios musicales del grado elemental en el Conservatorio Superior de Música de Las Palmas de Gran Canaria. *Anuario de Filosofía, Psicología y Sociología*, (6), 77–100. https://cutt.ly/AIWdWau

Villanueva (2014). *La enseñanza musical instrumental en la enseñanza obligatoria: análisis de la situación actual y la clase de cuerda como alternativa al currículo* [Tesis doctoral]. Universidad de Alcalá de Henares. http://hdl.han dle.net/10017/22645

Zarzo, A. (2013). Comunidades Artísticas de Aprendizaje: una alternativa educativa a tener en cuenta en el contexto actual de crisis económica. *Revista del RCSMM, 20*, 139–158. https://cutt.ly/6cbrNLl

Zarzo, A. (2017). El aprendizaje por competencias en las enseñanzas musicales: una oportunidad para el cambio educativo. *Revista del RCSMM, 24*(17), 99–126.

Tabla 1: Análisis comparativo de los diferentes marcos normativos autonómicos de EEM en materia de enseñanza colectiva

CC. AA.	Espacio curricular	Carga lectiva (semanal)	Evaluación	Obligator.	Peculiaridades
Andalucía	Integrado en Instrumento en 1er ciclo. Propio en 2.° ciclo	1er ciclo: 2 h / 2.° ciclo: 1h	Sí (dentro de Instrumento en 1.° ciclo y propia en 2.° ciclo)	Sí	Inicio aprendizaje exclusivo colectivo.
Aragón	Integrado en Instrumento	1 h Percusión: 2 h	Sí (dentro de Instrumento)	Sí	-
Asturias	No existe. Percusión sí integrado	2.° ciclo: opcional con 60h/curso. Percusión: 1 h cada Ciclo	Solo Percusión	No	Posibilidad opcional de inclusión de colectiva en 2.° ciclo. Incoherencia curricular: aparecen alusiones a la práctica instrumental colectiva durante la introducción del decreto, pero no se concreta en objetivos, contenidos y criterios de evaluación.
Comunidad	Propio en 2.° ciclo.	2.° ciclo: 1 h	Sí (propia en 2.° ciclo	Sí	Incoherencia curricular: Instrumento ratio 1/1

(continuado)

Tabla 1: Continuado

CC. AA.	Espacio curricular	Carga lectiva (semanal)	Evaluación	Obligator.	Peculiaridades
Valenciana	Integrado en Percusión	Percusión: 2 h cada Ciclo	y con referencia en Instrumento)		pero existen objetivos, contenidos y criterios de evaluación colectivos.
Canarias	Integrado en Instrumento	1.° ciclo: 2 h 2.° ciclo: 1 h	Sí (dentro de Instrumento, pero con diferenciación curricular en 2.° ciclo)	Sí	Colectiva con currículo en 2.° ciclo: dentro del horario de Instrumento, los objetivos, contenidos y criterios de evaluación para la clase colectiva están diferenciados.
Cantabria	Integrado en Instrumento	1 h Percusión: 2 h	Sí (dentro de Instrumento)	Sí	-
Castilla-La Mancha	Integrado en Instrumento. Posibilidad espacio propio en 2.° ciclo	1er ciclo: 1 h o 2 h 2.° ciclo: 1h (opc.) para Instrumento individual y colectivo (abierto).	1.° ciclo sí dentro de Instrumento. 2.° ciclo posibilidad evaluación propia	Sí, aunque ambigüedad de aplicación	Carga lectiva abierta.
Castilla y León	Integrado en Instrumento	1 h	Sí (dentro de Instrumento)	Sí	Incoherencia curricular: Clave y Piano no poseen objetivos relativos al grupo instrumental pero sí contenidos.

Ceuta y Melilla	Integrado en Instrumento (aunque con diferenciación curricular de la clase colectiva)	1 h Percusión: 2 h	Sí (dentro de Instrumento, pero con diferenciación curricular)	Sí	Diferenciación curricular dentro de Instrumento.
Extremadura	Existen alusiones en el currículo, pero inconclusas	No contemplada	-	-	Incoherencia curricular: no existe en el horario lectivo, pero aparecen referencias colectivas en el currículo.
Galicia	Existen alusiones en el currículo, pero inconclusas	No contemplada	-	-	Incoherencia curricular: no existe en el horario lectivo, pero aparecen referencias colectivas en el currículo.
Islas Baleares	Propio	1 h	Sí	Sí	Especifica claramente que se evaluará de manera independiente al Instrumento.
La Rioja	Integrado en	1 h Percusión: 2 h	Sí (dentro de	Sí	Incoherencia curricular: Arpa, Clave y Piano no

(continuado)

Tabla 1: Continuado

CC. AA.	Espacio curricular	Carga lectiva (semanal)	Evaluación	Obligator.	Peculiaridades
	Instrumento		Instrumento)		poseen objetivos relativos al grupo instrumental pero sí contenidos.
Madrid	Integrado en Instrumento	1h. Percusión: 2 h	Sí (dentro de Instrumento)	Sí	Incoherencia curricular: Arpa, Clave, Guitarra flamenca, Cuerda pulsada y Piano no poseen objetivos relativos al grupo instrumental pero sí contenidos.
Murcia	Integrado en Instrumento	1 h Percusión: 2 h	Sí (dentro de Instrumento)	Sí	-
País Vasco	Propio (2.° ciclo). Integrado en Percusión	2.° ciclo: 1h. Percusión: 1 h cada ciclo	Sí (propia en 2.° ciclo y con referencia en Instrumento)	Sí	Incoherencia curricular: Arpa, Clave y Piano no poseen objetivos relativos al grupo instrumental pero sí contenidos. El currículo depende de la LOCE, derogada actualmente, y aparece bajo la denominación de grado elemental.

Fuente: Elaboración propia a partir de todas las normativas autonómicas vigentes.

Tomás Sánchez-Sánchez[1]

Situación de la docencia en los conservatorios de música de Galicia desde la perspectiva de género

Resumen: Con el presente texto se busca una revisión de la situación actual de la docencia respecto al género en los estudios musicales a través de datos del curso 2021– 2022 en la comunidad autónoma de Galicia. Se pretende conocer las diferencias existentes en el profesorado de distintas especialidades. La metodología utilizada ha sido el análisis documental de forma estadística. La conclusión del estudio es que existen algunas especialidades con sesgo de género masculino (viento metal, *jazz*, saxofón, percusión, guitarra o composición) o femenino (canto y lenguaje musical-pedagogía).

Palabras clave: conservatorio, docencia, equidad, género.

1 Introducción

Es importante para el avance en materia educativa, profundizar en la realidad sobre género que existe en la educación en general y en las enseñanzas musicales en particular haciendo hincapié especialmente en su docencia.

Desde una perspectiva ajena al mundo musical podría parecer que todos los instrumentos y especialidades deberían constar de un número más o menos equitativo de intérpretes y profesorado masculino y femenino entre sus filas, pero hoy en día todavía siguen existiendo diferencias importantes entre especialidades con tradición histórica de peso en ambos géneros y la igualdad está muy lejos de ser real.

Los motivos que pueden llevar a la aparición de estas diferencias son muy amplios, pudiendo deberse tanto a estereotipos creados a lo largo del tiempo sobre instrumentos considerados más femeninos o masculinos, o la tradición de que algunas especialidades sean más elegidas por niñas o niños cuando empiezan sus estudios musicales.

En este capítulo, se analizará cuál es la situación actual en la realidad gallega respecto al profesorado en los nueve conservatorios que gestiona la Xunta de Galicia, trabajando con los datos oficiales que proporcionan dichos centros.

---

1   Conservatorio Superior de Música de A Coruña.

2 Estado de la cuestión

La visión del género en la música, al igual que sucede en otras áreas del conocimiento, se ha mantenido en un segundo plano hasta la proliferación del feminismo a mediados del siglo pasado y sobre todo en la década de los 70, cuando se empezó a estudiar el papel de la mujer en la historia para darle la importancia debida, encontrando referentes musicales femeninas en el pasado y en el presente.

En este sentido, Ugalde (2018) afirma que a la música no se le puede asignar ningún género (p.26), es un patrimonio global para todas y todos. Es el contexto el que conlleva mayor influencia en la música y provoca diferencias que hay que superar. Por otra parte, las primeras publicaciones que relacionaban música y género se publicaron sobre todo en lengua inglesa. Para encontrar referencias de relevancia en España, tal como señala Piñero (2008), tendremos que remontarnos a los años 80 y especialmente a las publicaciones de los 90 (p.222). Entre estas publicaciones destaca el título de *Música y mujeres: género y poder* de Manchado Torres (1998) o el más reciente *Música, mujeres y educación: composición, investigación y docencia*, de Botella Nicolás (2018).

En un primer lugar se buscaba la visibilización de las figuras musicales femeninas que tuvieron presencia en el pasado, ya que tal como señala Green (2001) en la historia musical se han suprimido repetidamente las aportaciones femeninas (p.14). Por su parte Díaz (2005) indica que en las enseñanzas artísticas desconocer figuras de la historia o producir limitaciones a algunas especialidades reproduce patrones discriminatorios que hay que vencer (p.571). En este sentido, para Iniesta (2018) la "musicología feminista" intenta, desde 1991, recopilar biografías y composiciones de mujeres para darles notoriedad (p.70).

Para desarrollar esta idea, Querol (2014) añade que sería importante profundizar en la aportación femenina en la historia musical para que se produzca un empuje que hiciese crecer las cifras de mujeres intérpretes (p.246). Suele suceder que las figuras de instrumentistas, compositoras y docentes femeninas en muchos casos se desconocen y no tienen el mismo peso en las enseñanzas musicales que los equivalentes masculinos. Por ejemplo, según Adkins (citada por Ugalde 2018) el porcentaje del tiempo e inversión en composiciones femeninas es menor del 0,05 % (p.31).

Tampoco se interpreta de forma equitativa música de compositoras como de compositores y en los libros de texto u otros materiales utilizados en el conservatorio siguen teniendo un peso relativo, aunque la tendencia es tratar de que cada vez sean más visibles a través de diversas iniciativas tanto personales como institucionales. Pese a ello, López-Navajas (2014) en un análisis de los libros de la educación secundaria de todas las materias, observó que la presencia de la mujer en los libros de música era solo de un 11 % (p.300).

Tomando los datos del Instituto Nacional de Estadística (INE) y del Ministerio de Educación y Formación Profesional (MEFP) del curso 2018–2019 respecto al profesorado, observamos que a nivel nacional las cifras de docentes alcanzan desde un 97,6 % en educación infantil o un 82 % en primaria. Las profesoras son mayoría en todos los niveles excepto en tres de ellos: Enseñanzas artísticas con un 45,1 %, Enseñanzas universitarias con un 42,4 % y Enseñanzas deportivas con un 16,4 %.

Las enseñanzas artísticas incluyen además de la música en nivel elemental, profesional y superior (que serán las analizadas en este estudio), las enseñanzas de Danza, Arte Dramático, Artes Plásticas y Diseño, Conservación y Restauración de Bienes Culturales.

Al igual que sucede en España, el profesorado en Europa también está muy feminizado en niveles iniciales, según las cifras de la Oficina Europea de Estadística (EUROSTAT). En todos los países analizados el número de profesorado femenino es superior al 90 % en niveles anteriores a primaria, es muy elevado en la educación primaria (generalmente superior al 80 %) y se va reduciendo paulatinamente en niveles superiores, aunque con diferencias importantes por países. Sin embargo, no hay datos concretos de enseñanzas de música entre las estadísticas europeas.

Volviendo a la realidad española, en el caso de las enseñanzas musicales, en datos del MEFP (2021) las alumnas representan un porcentaje superior, tanto en las enseñanzas elementales con un 56,3 %, como en las profesionales, con un 54,6 % y en las no regladas, con un 53,8 %. Sin embargo, cuando nos referimos al nivel de las enseñanzas superiores desciende su número hasta el 41,2 %. Esta pérdida de estudiantes femeninas del título superior de música se lleva repitiendo en la serie histórica desde 2008, por lo que se deduce que la tasa de abandono de mujeres en las enseñanzas musicales es bastante alta y trae como consecuencia que, al terminar en menor número la carrera de música, menos mujeres accedan a la docencia musical.

3 Metodología

El objetivo general de este capítulo es valorar la presencia de docentes de diferentes géneros dentro de las distintas especialidades musicales. Como objetivos específicos, se encuentran conocer cuáles son las especialidades o instrumentos donde existen mayores desigualdades, y en qué sentido se producen.

Para llevar a cabo este estudio se acudió a la metodología cualitativa a través del análisis documental, entendiéndolo como lo hace Solís Hernández (2003, citado en Peña y Pirela, 2007, p.59) "consiste en seleccionar ideas informativamente relevantes de un documento, a fin de expresar su contenido sin ambigüedades para recuperar la información contenida en él". Para ello se ha realizado una revisión sistemática, a través de la observación directa, de las plantillas docentes del curso 2021–2022 presentes en las páginas web de los nueve conservatorios dependientes de la *Consellería de Educación de la Xunta de Galicia*.

Posteriormente se ha efectuado el análisis de contenido de la información obtenida, donde se pueden apreciar dos técnicas de investigación, pues en un principio se partió de un enfoque descriptivo cuantitativo, basado en la acumulación de datos observables, para proceder después a otro de tipo cualitativo, basado en la interpretación que se puede extraer de la información obtenida, a través de la cual se pretenden explicar los datos implícitos, y en definitiva, precisar, profundizar y categorizar los datos (López Pena et al., 2018).

Una vez recopiladas las plantillas de las páginas webs oficiales se han comprobado los datos con las tutorías, programaciones y otros documentos disponibles en cada centro. El criterio para asignar el género ha sido el de si el nombre de profesor o profesora pertenecían a casuísticas femeninas o masculinas. En caso de duda por ser nombres extranjeros u otros motivos, se han buscado las fotografías o relación del nombre con el género en ese idioma. Todos los casos se han resuelto con la asignación apropiada y sin mayor problemática.

4 Análisis de datos

La muestra se compone de 27 especialidades del cuerpo 594 (Profesores de música y artes escénicas) que se distribuyen en siete conservatorios profesionales de música en A Coruña, Ferrol, Lugo, Ourense, Pontevedra, Santiago de Compostela y Vigo. Las especialidades han sido las siguientes: Acordeón, Arpa, Canto, Clarinete, Clave, Contrabajo, Fagot, Flauta de Pico, Flauta Travesera, Fundamentos de Composición, Gaita, Guitarra, Historia de la Música, Lenguaje Musical, Oboe, Órgano, Percusión, Piano, Saxofón, Trombón, Trompa, Trompeta, Tuba, Viola, Viola da Gamba, Violín y Violonchelo.

Por otra parte, las especialidades del cuerpo 593 (Catedráticos de música y artes escénicas) en los conservatorios superiores de música de A Coruña y Vigo. La casuística en este caso es diferente a la anterior. No se imparten los instrumentos de órgano y flauta de pico y aparece nuevo profesorado en otras materias.

En grado superior, las especialidades serían un total de 43: Acordeón, Arpa, Canto, Clarinete, Clave, Composición, Contrabajo, Dirección de Orquesta,

Fagot, Flauta de Pico, Flauta Travesera, Gaita, Guitarra, Historia de la Música, Improvisación y Acompañamiento, Instrumentos de cuerda pulsada del Renacimiento y Barroco (ICPRB), Instrumentos Históricos de Cuerda Frotada (Violín Barroco), Jazz-batería, Jazz-contrabajo, Jazz-guitarra, Jazz-piano, Jazz-saxofón, Jazz-trombón, Jazz-trompeta, Música de cámara, Oboe, Órgano, Pedagogía, Percusión, Piano, Producción y Gestión de Música y Artes Escénicas (PGMAR), Repertorio con piano para instrumentos, Repertorio con piano para voz, Saxofón, Tecnología Musical, Trombón, Trompa, Trompeta, Tuba, Viola, Viola da Gamba, Violín y Violonchelo.

En la clasificación final se han distribuido todos los casos en 36 especialidades. Se han tomado por ejemplo las especialidades de Jazz de forma conjunta y no por instrumento (ya que son siete diferentes con una o dos personas por especialidad); las especialidades de Musicología y Etnomusicología se adjuntan a la especialidad de Historia de la Música; las especialidades de Repertorio con Piano para Instrumentos y Repertorio con Piano para Voz se añaden a la especialidad de Piano; la especialidad de Composición (cambia la nomenclatura) se fusiona a Fundamentos de Composición y las especialidades de Pedagogía y Lenguaje Musical se han tomado como una única especialidad por su profunda relación.

De los datos más destacados tenemos los extremos donde no existe representación femenina. Son ocho categorías: Trompeta M(0)-H(18), Tuba M(0)-H(12), Trombón M(0)-H(10), Jazz M(0)-H(8), Dirección de Orquesta M(0)-H(2), Tecnología Musical M(0)-H(2), Órgano M(0)-H(1) e Instrumentos Históricos de Cuerda Frotada M(0)-H(1); estos cuatro últimos datos no son estadísticamente significativos.

Con una representación femenina mucho menor en porcentaje tendríamos seis categorías: Saxofón M(3)-H(16), Percusión M(4)-H(18), Guitarra M(7)-H(24), Composición M(8)-H(27), Trompa M(3)-H(9) y Fagot M(3)-H(7).

Por otra parte, solo encontramos dos casos donde no hay representación masculina que son Producción y Gestión de Música y Artes Escénicas M(2)-H(0) y Flauta de Pico M(1)-H(0) pero no son estadísticamente significativos. Sí lo serían los casos de Canto M(15)-H(1), y el binomio Lenguaje Musical-Pedagogía M(42)-H(15) ambas especialidades muy relacionadas y que se han analizado como una sola categoría. En estos dos casos la presencia femenina es mayoritaria (Tabla 1).

5 Discusión

En un primer aspecto de los datos analizados, solo existen diferencias estadísticamente significativas con respecto a la presencia femenina en Canto y Lenguaje

Tabla 1. Resumen de datos globales curso 2021–2022. Elaboración propia

	Mujeres	Hombres	Total
Canto	15	1	16
Instrumentos de Cuerda	55	69	123
Instrumentos de Tecla	69	89	158
Instrumentos de Viento	38	112	150
Percusión	4	18	22
Lenguaje Musical-Pedagogía	42	15	57
Otras Especialidades	24	52	76
Total	247	335	602

Musical-Pedagogía. Siendo estas especialidades de tradición femenina que se sigue manteniendo en los centros representantes del estudio.

La relación entre canto y mujer es longeva, ya que ha habido mujeres cantantes a lo largo de la historia, aspecto que no ha sucedido con otras especialidades. Capsir (2018) observa que en el canto, la presencia femenina tiene una representación tradicional y de importancia en el imaginario colectivo (p.83). Para Green (2001) el canto tiene: "cuatro características de la feminidad" que se relacionan con la "seducción y el cuerpo, la naturaleza, la disponibilidad sexual y la preocupación maternal" (p.38). También afirma que en el ámbito femenino cantar representa la mejor ocasión de ser intérprete en todo tipo de esferas y géneros (p.42). En estos géneros se incluye tanto la música denominada clásica, como el *jazz*, pop, rock, etc. Por ejemplo, el canto de las madres a sus hijas e hijos se ve reflejado en esta postura. Las explicaciones de por qué las mujeres se dedican a cantar vendría muy bien desarrollado en este capítulo de Green (2001), si el lector desea profundizar en este apartado es una referente recomendada.

En otro punto del análisis, las especialidades de Lenguaje Musical y Pedagogía son establecidas con la tradición de la enseñanza musical, que podría relacionarse con la educación primaria en la presencia feminizada del profesorado. Si existe esa relación, tal como afirma Green (2001) entre enseñanza de hijas e hijos en la esfera privada y educación como trabajo en la esfera pública (p.24), la especialidad más relacionada con esta idea en el ámbito musical sería este binomio Lenguaje Musical – Pedagogía y de ahí podrían explicarse estos números tan elevados en estas categorías.

Desde otra vertiente, es muy relevante la escasa presencia femenina en especialidades de viento y en concreto en las de viento metal o en las especialidades de Jazz, Percusión, Guitarra o Composición. Esta última especialidad, ha sido muy estudiada en los últimos años desde la perspectiva de género, definiendo, en resumen, que el ocultamiento o la ausencia de referentes en la historia musical y su poca repercusión conllevan que el número de mujeres compositoras se haya visto afectado históricamente. La creatividad no es territorio único de un solo género sino que pertenece biológicamente a ambos. Tal como señalan Sousa, Monteiro y Bica (2018) en los estudios analizados en su artículo respecto a creatividad "no existen diferencias entre hombres y mujeres" (p.251). El principal problema es el reconocimiento que la sociedad hace de sus producciones, dado que en este caso las obras de féminas siempre han ocupado un lugar secundario y también existe una "gran ausencia de estudios sobre la creatividad femenina" (p.252).

Continuando con la interpretación, según datos recogidos por Iniesta (2018) en las orquestas de España solo existe un 30 % de intérpretes femeninas y son una amplia minoría en instrumentos de viento y en la percusión (p.68). Tratando de explicar el fenómeno, Ciges (2017) afirma que, tradicionalmente, determinados instrumentos tienen connotaciones culturales y sexuales; que el timbre grave se asocia al hombre y el agudo a la mujer. En su artículo detalla que en las orquestas de la comunidad valenciana solo el 1 % de los instrumentistas de viento metal son mujeres y en ninguna hay percusionistas, trombonistas, trompetistas o tubistas. También en el *jazz* solo el 10 % de las instrumentistas son mujeres (pp. 21–24).

En una línea similar a la de este capítulo, Sansaloni (2014) observó desigualdades entre hombres y mujeres respecto al alumnado en el Conservatorio Superior de Música de Valencia, variaciones que coinciden en las mismas especialidades señaladas en los datos aportados para el profesorado de Galicia. En su estudio, son estadísticamente significativas las diferencias en las especialidades de viento metal, Jazz y Canto.

Como limitación de este estudio, al ser una muestra pequeña hay resultados que no son estadísticamente significativos pero sí que señalan una tendencia respecto a la presencia o ausencia de diferencias en el profesorado de determinados instrumentos. Si se aumentase la población de estudio, por ejemplo, a la realidad de todos los conservatorios españoles, la estadística contaría con un número suficiente de casos para que las diferencias tuvieran un peso mayor. Pero es sin duda relevante la relación que existe entre los datos analizados en este estudio y los aportados por otros autoras y autores que coinciden en señalar las desigualdades en las mismas especialidades que encontramos en nuestro análisis.

La conclusión final que se desprende, es que todavía nos queda un largo camino por recorrer para conseguir una igualdad real en el mundo musical. Desde muchas perspectivas y aspectos es necesario un cambio de visión, para hacer que la música sea simplemente música. Que las figuras femeninas del pasado y el presente cobren importancia para que los instrumentos y las especialidades dejen de estar determinados a uno u otro género. Se deben promover iniciativas que mejoren la presencia de mujeres en todas las especialidades y fomentar la elección inicial equitativa de instrumentos desde los conservatorios y escuelas de música. Los instrumentos no tienen género, son para todas y todos.

Referencias

Botella Nicolás, A. M. (Coord.) (2018) *Música, mujeres y educación. Composición, investigación y docencia.* Universitat de València.

Capsir Maiques, L. (2018). Las mujeres en la música y en la educación: una inclusión inaplazable. En A. M. Botella Nicolás, (Coord.) *Música, mujeres y educación. Composición, investigación y docencia* (pp. 81–87). Universitat de València.

Ciges, T. (2017). Les dones en la música clàssica: trencant el mur de so. *Revista Saó, 424*, 21–37. https://revistasao.cat/dones-musica-classica-valenciana/

Green, L. (2001). *Música, género y educación.* Morata.

Iniesta Masmano, R. (2018). Directoras de orquesta: invisibilidad versus motivación. En A. M. Botella Nicolás (Coord.) *Música, mujeres y educación. Composición, investigación y docencia* (pp. 63–80). Universitat de València.

Instituto Europeo de Estadística Eurostat. https://appsso.eurostat.ec.europa.eu/nui/submitViewTableAction.do

Instituto Nacional de Estadística. *Mujeres y hombres en España 2020.* https://www.ine.es/ss/Satellite?L=es_ES&c=INESeccion_C&cid=1259925481851&p=%5C&pagename=ProductosYServicios%2FPYSLayout&param1=PYSDetalle&param3=1259924822888

López-Navajas, A. (2014). Análisis de la ausencia de las mujeres en los manuales de la ESO: una genealogía de conocimiento ocultada. *Revista de Educación, 363*, 282–308. https://doi.org/10.4438/1988-592X-RE-2012-363-188

López Pena, V., López-Chao, V. y Ramiro-Aparicio, D. (2018). Panorámica de la Expresión Gráfica en la Universidad Española del Siglo XXI: estudio de caso en Galicia. En A. García Manso. *Aportaciones de vanguardia en la investigación actual* (pp. 247– 262). Tecnos.

Manchado Torres, M. (Coord.) (1998). *Música y mujeres: género y poder.* Horas y Horas.

Ministerio de Educación y Formación Profesional. (Marzo de 2021). *Igualdad en cifras MEFP.* https://www.educacionyfp.gob.es/dam/jcr:8d11c459-d25f-4113-a53b-5b97a91dd8cb/cifrasmefp2021.pdf

Mohedo, M. (2005). La perspectiva de género en la formación del profesorado de música. *REICE: Revista Electrónica Iberoamericana sobre Calidad, Eficacia y Cambio en Educación, 3*, 570–577.

Peña, T. y Pirela, J. (2007). La complejidad del análisis documental. *Información, cultura y sociedad, 16*, 55–81. https://doi.org/10.34096/ics.i16.869. http://www.redalyc.org/src/inicio/ArtPdfRed.jsp?iCve=263019682004

Piñero Gil, C. C. (2008). Música y Mujeres, género y poder: diez años después. *Itamar, revista de investigación musical: territorios para el arte, 1*, 201–211.

Querol Gutiérrez, C. (2014). Las directoras de orquesta como ejemplo de liderazgo femenino. *Dedica. Revista de Educação e Humanidades, 6*, 233–248.

Sansaloni Gimeno, M. C. (2014). Presencia de estereotipos de género en la elección de especialidad musical profesional. *Asociación Valenciana de Musicología. Quadrivium, 5*, 1–9.

Sousa, F. C., Monteiro, I. P. e Bica, J. P. (2018). A evolução das redes sociais na execução de projetos em um agrupamento escolar. *Estudos de Psicologia (Campinas), 35*(3), 265–274. http://dx.doi.org/10.1590/1982-02752018000300003

Ugalde Álvarez, E. (2018). La composición musical desde la óptica femenina. En A. M. Botella Nicolás (Coord.) *Música, mujeres y educación. Composición, investigación y docencia* (pp. 25–32). Universitat de València.

Oswaldo Lorenzo[1] y Yuly Janet Rodríguez[2]

Características de la educación musical no formal en Colombia

Resumen: Este trabajo aborda la educación musical en Colombia, teniendo en cuenta los procesos de educación musical tanto en el ámbito formal como en el no formal, centrándose más en este último. El artículo persigue los objetivos de exponer la importancia de la educación artística-musical, cómo esta se encuentra presente en Colombia en el ámbito no formal y cómo es articulada a través del Ministerio de Cultura y diferentes agentes, tanto públicos como privados, además de mostrar las características de la educación musical en las diferentes regiones del país y los diversos programas de educación musical que se llevan a cabo en dichas regiones. Finalmente, se concluye exponiendo que, a pesar de la importancia de este sector, la realidad educativa del país se encuentra en desarrollo discontinuo y fragmentado en todos los niveles de educación musical.

Palabras clave: educación musical, educación no formal, Colombia y Ministerio de Cultura.

1 Introducción

Al hablar de educación musical en Colombia es preciso abordar tanto los procesos que configuran el ámbito formal (educación primaria, secundaria y superior), como aquellos que se circunscriben dentro del ámbito no formal, que se desarrollan a través de las casas de la cultura y escuelas de música y arte o por interacción con los diversos circuitos culturales y artísticos del país tales como festivales, encuentros y concursos; los *mass media*; la familia, entre otros. El campo de la educación musical no formal es hoy un contexto en el cual, gracias a la dirección del Ministerio de Cultura y al apoyo de diferentes entidades públicas y privadas (casas de cultura, escuelas municipales de artes, academias de música y programas de extensión cultural/bienestar universitario), se implementan variedad de estrategias pedagógicas y culturales que permiten garantizar tanto el derecho a la educación cultural y artística en el país, como la promoción, reconocimiento y preservación del patrimonio cultural y artístico de la nación.

---

1   Universidad de Granada (España).
2   Universidad de Granada (España).

2 La educación musical en los ámbitos formal y no formal

La educación artística constituye un espacio de encuentro y participación de artistas, formadores, docentes y aprendices que en diferentes contextos interculturales se expresan desde manifestaciones insertas en las artes plásticas, expresivo-corporales, musicales y literarias (Ñáñez-Rodríguez y Castro-Turriago, 2016), proporciona un entorno de práctica en el que la persona que aprende no solo participa en experiencias estéticas de creación de arte, expresión simbólica, o procesos y desarrollos creativos encaminados a apreciar, sensibilizar, observar, interpretar, criticar y filosofar sobre las artes, sino que contribuye también a la formación de ciudadanos éticos y con capacidad para pensar, decidir, convivir y servir en la sociedad, por lo que se le considera un elemento fundamental dentro de la enseñanza para la diversidad y las relaciones democráticas y participativas, imprescindibles en la vida ciudadana. En esta dirección, la educación artística favorece el desarrollo de otras capacidades no necesariamente relacionadas con el hecho artístico (Diamond, 2013), tales como (ver Figura 1):

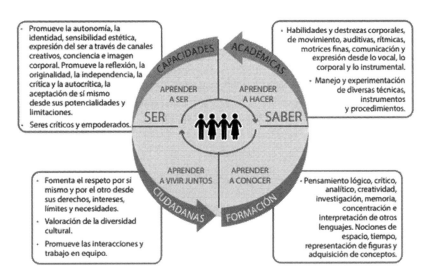

Fig. 1. Aprendizajes Asociados a la Educación Artística

Nota. Elaboración propia.

3 Beneficios de la educación artística

Como expone el CNCA (2016), la educación artística ha sido, durante décadas, una potente herramienta para impulsar el desarrollo emocional, intelectual
y social de quienes encuentran en esta forma de expresión, "un lenguaje y un
vértice desde donde comprender el mundo y conectarse con los otros" (p. 7).

Ñáñez-Rodríguez y Castro-Turriago (2016), definen por educación artística al
espacio de encuentro y participación de artistas, formadores, docentes y aprendices que en diferentes contextos interculturales se expresan desde lo sonoro, lo
visual, lo corporal y lo literario y a partir de los cuales se desarrollan la sensibilidad, la experiencia estética, el pensamiento creativo y la expresión simbólica,
impregnados todos ellos de múltiples significados y sentidos propios de la cultura. Con base en esta delimitación conceptual, se examinan a continuación los
principales aspectos de la educación artístico-musical no formal en Colombia.

4 La educación artístico-musical en Colombia en el ámbito
   no formal

En respuesta al debilitamiento de la educación musical en el ámbito escolar
colombiano (que no proporciona ni espacios ni procesos apropiados de práctica); en rechazo a la instrucción y ejecución mecánica y repetitiva de una teoría
y repertorios ajenos y descontextualizados al entorno cultural nacional; y debido
a la insuficiencia en el campo investigativo de expresiones culturales propias de
la nación, el Ministerio de Cultura se ha visto en la necesidad de intervenir y
abanderar los procesos de creación y formación artística y musical a través de
la implementación en el ámbito no formal de variedad de espacios y programas de innovación, preservación y creación artística; convirtiéndose estas en
políticas y proyectos culturales y formativos de trascendental importancia para
la educación artística del país (Departamento Nacional de Planeación, 2008).
Entre algunas de las estrategias más exitosas y de mayor impacto y cobertura
nacional que ha implementado el Ministerio de Cultura en torno a la formación
musical y artística en Colombia cabe destacar: el Programa Nacional de Bandas
(CONPES 3409/06) y música sinfónica (CONPES 3208/02), la instauración, en
1999, del programa de coros escolares, y, en el año 2000, el diseño del programa
de Músicas tradicionales.

Proyectos vigentes hoy en día y cuya acción educativa no reside en el hecho
de que los alumnos aprendan contenidos y conceptos brindados por el maestro,
sino que conjuntamente creen conocimiento a partir de la indagación, experimentación e interacción con todos los actores del proceso (artistas, maestros,

docentes, estudiantes, familias) (Díaz y Pérez, 2016). Si bien en Colombia los procesos de educación musical desarrollados en el ámbito formal han dado prioridad históricamente al canon hegemónico occidental (en cuanto a repertorios y formas de enseñanza-aprendizaje), por encima de las manifestaciones culturales y artísticas propias del país (Arenas, 2010; Herrera, 2011; Ochoa, 2011; Walker, 2016), los procesos de educación musical no formal, auspiciados en su amplia mayoría por el Ministerio de Cultura, se han especializado en la protección, conservación, reconocimiento, apropiación y estimulación de las comunidades de práctica, difusión y estudio de las diferentes manifestaciones artístico- culturales del país.

En línea con lo anterior, uno de los principales organismos encargado de dar cumplimiento a estos planteamientos ha sido la unidad de investigación y preservación de las manifestaciones artístico-musicales de la nación, creada por el Ministerio de Cultura en 1998 y liderada por el PNMC, la cual ha tenido por prioridad el fomento de la investigación y documentación musical en Colombia, la preservación de las músicas regionales de tradición popular del país y el reconocimiento del patrimonio sonoro nacional como un símbolo colectivo (Rodríguez, 2017) que encarna diversos sentidos, variedad de geografías y pluralidad de músicas de distintos orígenes, caracteres, sonoridades, espacios, tiempos y lenguajes (Ministerio de Cultura, 2019; Miñana, 2000). Estos ejes fueron reestructurados en 2008 por la misma entidad dando lugar a la instauración de lo que se conoce como territorios sonoros (Rodríguez, 2018). Según los datos consignados en el Sistema de Información de la Música (SIMUS, 2020), son los siguientes:

1. Territorio sonoro de la Marimba: esta ruta agrupa alrededor de 582 000 afrodescendientes pertenecientes a 14 poblaciones del Pacifico sur Colombiano y su manifestación musical principal es el currulao.
2. Territorio sonoro de la Chirimía: la ruta de la Chirimía es una plataforma para la organización, integración reconocimiento y valoración social de las músicas tradicionales y la cultura del Pacífico Norte (con mayor representatividad en el Chocó), cuya manifestación musical principal es el porro Chocoano y los Alabaos.
3. Territorio sonoro de la Trova y la Parranda: como zona geográfica, este territorio sonoro ocupa los municipios de Norte de Santander, Santander, Boyacá, Cundinamarca, Antioquia, Quindío, Risaralda y Caldas. Y sus músicas se dividen en los siguientes formatos:
   a. Músicas andinas colombianas: entre ellas se destacan los géneros de Bambuco, Guabina, Pasillo, Vals, Shotis y otros.

    b. Música popular campesina y parrandera: su mayor representante es la Rumba.

    c. Trova, copla y repentismo.

4. Territoriosonoro de la Canta y el Torbellino: el Territorio Sonoro de la Canta y el Torbellino se inscribe dentro de las Músicas Andinas del Centro y Nororiente del país. Es un territorio rico y activo en sonoridades, así como en sus prácticas musicales. Se encuentra principalmente en parte de los municipios de Norte de Santander, Santander y Boyacá.

5. Territorio sonoro del Rajaleña y la Cucamba: las prácticas musicales tradicionales de esta región se circunscriben igualmente dentro del universo de las Músicas Andinas del Centro y Suroccidente, particularmente en los departamentos del Huila y Tolima. Cuentan con rasgos distintivos presentes principalmente en su carácter jocoso, intenso, expresivo y ante todo coreográfico. Entre sus músicas más distintivas se encuentra el Rajaleña, la Caña, el Sanjuanero y otros, que principalmente se hallan en los departamentos del Huila y Tolima.

6. Territorio sonoro del Joropo: corresponde a la expresión folklórico-musical del oriente colombiano conocida como "Joropo" o "música llanera" y abarca los departamentos del Vichada, Arauca, Guaviare, Meta, Casanare y Oriente de Cundinamarca y Boyacá.

7. Territorio sonoro de Cantos, Pitos y Tambores: se ubica en los municipios de Atlántico, Bolívar, Sucre y Córdoba y sus géneros musicales más representativos son los siguientes: Gaita, Baile Cantao, Tambora y Bandas tipo Pelayera.

8. Territorio sonoro del caribe y los acordeones: el Territorio Sonoro del caribe le concierne la región del Magdalena Grande, actuales departamentos del Cesar, La Guajira y Magdalena, en los que las expresiones musicales representativas son la cumbia y el vallenato.

9. Territorio sonoro de las flautas, cuerdas y tambores sureños: como agrupaciones representativas este territorio cuenta con las Bandas de flautas y cuerdas y las Murgas, las cuales son típicas de los municipios del Cauca, Nariño, Occidente del Putumayo, Caquetá, Amazonas, Guaviare, Vaupés y Guainía.

10. Territorio de prácticas creativas de los Pueblos Originarios: Nasa, Yanakona y Kishó. El cual, producto de diversos procesos de investigación y actualización que se siguen adelantando en esta unidad, fue agregado en el año 2013. Sigue en curso de investigación y caracterización.

Como complemento a este amplio movimiento, el Ministerio de Cultura, en asociación con otras entidades y organizaciones públicas y privadas, ha trabajado en la promoción de nuevos espacios de uso productivo del tiempo libre, de innovación, práctica, y enseñanza-aprendizaje en estas y otras músicas, a través de los cuales cada vez más niños y jóvenes encuentran diversas alternativas de expresión artístico-musical (Rodríguez, 2016). Se encuentran también los espacios de formación complementarios a la jornada académica, talleres extracurriculares que se desarrollan en jornada extraescolar, ya sea en casas de la cultura o dentro de las mismas instalaciones de las instituciones educativas públicas (Programas 40x40 de la Orquesta Filarmónica de Bogotá y Jornada 40 de los CLANES del Instituto Distrital de las Artes). Y, por último, los programas de formación y práctica musical que ofrecen los centros de extensión o bienestar universitario de diferentes IES.

La Figura 2 pretende contextualizar lo anteriormente descrito, exponiendo para ello algunos de los agentes más representativos que intervienen en los procesos no formales de educación musical en el país, al tiempo que señala su carácter (público o privado) y tipo de formación que ofrecen.

Ámbito	Entidad, Organismo o Programa	Tipos de proceso de enseñanza-aprendizaje						
		Iniciación Musical	Enseñanza Instrumental	Prácticas musicales nodales				
				Coro	Banda Sinfónica	Orquesta Sinfónica	Agrupaciones Folclórico-tradicionales	Agrupaciones populares (Rock, jazz, otros)
Público	Conservatorio (Bogotá, Ibagué, Popayán)	X	X	X		X		
	Batuta	X	X	X	X	X		
	Red de Escuelas Públicas de Medellín	X	X	X	X	X	X	
	Programas de jornada extendida (OFB, IDARTES, otras entidades)	X	X	X		X		X
	Ministerio de Cultura y Plan Nacional de Música para la Convivencia (PNMC) — Escuelas de música tradicional	X	X				X	
	Ministerio de Cultura y Plan Nacional de Música para la Convivencia (PNMC) — Casas de Cultura	X	X	X	X	X	X	
Privado	Academias o escuelas de música	X	X	X				X
	Centros de extensión o bienestar Universitario	X	X	X			X	X

Fig. 2. Agentes de la educación musical no formal en Colombia
Nota. Elaboración propia.

5 Principales agentes del sector público

Batuta

La Fundación Nacional Batuta, creada en 1991, es uno de los programas de educación musical no formal más antiguos del país y quizás el de mayor cobertura nacional.

Comprometida con el mejoramiento de la calidad de vida de los niños, niñas, adolescentes y jóvenes de Colombia (NNAJ) en zonas vulnerables impactadas por el conflicto, la violencia y la pobreza (Ministerio de Cultura, 2008); la construcción de tejido social; la generación de espacios de reconciliación y convivencia; y la construcción de capacidades individuales útiles para ejercer una participación activa en la sociedad, esta organización promueve la diversidad cultural y fortalece los procesos musicales del territorio nacional mediante una formación musical de excelencia centrada en la práctica instrumental colectiva. A partir de la integración con entidades de carácter académico, social y cultural, están las que aparecen a continuación.

La Red de Escuelas de Música de Medellín (REMM)

Este programa, que nace en 1996, es un proyecto exclusivo de la Alcaldía de Medellín que se inscribe dentro del Plan de Desarrollo Municipal, "Medellín cuenta con vos 2016– 2019" y los lineamientos del Plan de Desarrollo Cultural de Medellín 2011 – 2020. Su propósito es formar seres humanos integrales a través de la práctica artístico-musical en entornos de reflexión, interpretación, investigación, creación, construcción colectiva, participativa e incluyente.

Programas de jornada extendida en artes para el Distrito

Como se ha expuesto anteriormente, en respuesta al exponencial debilitamiento y al abandono por parte del Ministerio de Educación Nacional de su compromiso con el fomento y desarrollo de la educación musical en el ámbito escolar formal, el Ministerio de Cultura se ha visto en la necesidad de impulsar y ampliar estos procesos dentro del ámbito no formal (Bermúdez *et al.*, 2016), haciendo que las horas reducidas en el currículo escolar vuelvan a tener valor e incluso mayor preponderancia. De modo que, si bien la formación musical "casi desapareció formalmente de las aulas, cada vez más los niños y jóvenes hacen música a lo largo y ancho del país" (Rodríguez, 2016, p.1).

ASODIBANDAS

Por iniciativa de varios directores de banda del país y con el apoyo del Ministerio de Cultura y el PNMC, en el año 2010 se crea la Asociación Nacional de Directores de Bandas Musicales de Colombia cuyo objetivo principal ha sido contribuir al mejoramiento del movimiento musical bandístico del país mediante la capacitación de sus directores y gestores. Teniendo por finalidad el fortalecimiento del director como agente constructor de conocimiento humano, social y técnico-musical, la asociación ha ofrecido desde su fundación diversos talleres, seminarios y/o diplomados para los directores de todo el país en temáticas que van desde técnicas de dirección, pedagogía y primera infancia hasta la responsabilidad social y gestión.

Plan Nacional de Música para la Convivencia (PNMC)

La educación musical no formal en Colombia toma especial valor a partir del año 2002, cuando enmarcado en el Plan Nacional de Desarrollo (PND) se crea el Plan Nacional de Música para la Convivencia (PNMC). Proyecto más importante y ambicioso del sector que tiene por finalidad: el conocimiento, práctica y disfrute de la música en todo el país como factor que favorece la construcción de ciudadanía, y el fomento, reconocimiento y aceptación de la diversidad cultural (Sossa, 2009).

Casas de cultura o escuelas de música municipales

Orientadas por el PNMC y dispuestas por el Ministerio de Cultura, gobernaciones o alcaldías locales, las casas de cultura o escuelas de música conforman los centros primordiales de educación artística y musical no formal en el país, con presencia en más de 650 municipios. De acuerdo con el SIMUS (2020), a diciembre de 2018 se contaba con un total de 1114 escuelas de música públicas en todo el territorio nacional, a través de las cuales se atiende anualmente a un promedio de 140 000 estudiantes entre niños, jóvenes, adolescentes, adultos y adultos mayores. Forman parte de las políticas de desarrollo nacional y tienen como misión visibilizar, valorar y fomentar la diversidad sonora del país, así como ampliar y democratizar las oportunidades de acceso y uso adecuado de instrumentos musicales y materiales pedagógicos para la práctica musical. Sus estrategias pedagógicas se basan en la lúdica, la exploración sonora, la experimentación y la creación libre, se fundamentan en la enseñanza grupal y la práctica colectiva y constituyen espacios invaluables de exploración, investigación, formación, aprendizaje y práctica.

A nivel metodológico es cada vez más frecuente la articulación interdisciplinar de las escuelas de música con las demás áreas artísticas del centro, tales como la danza, la literatura, el teatro y las artes plásticas, pues, como señalan Zapata y Niño (2018), acorde con los planteamientos de la educación no formal estas escuelas no están concebidas para formar músicos profesionales sino integrales; es decir, se constituyen en escenarios promotores de un aprendizaje para la vida y la cultura. Por lo cual, posteriormente, si así lo quiere el estudiante, pueden convertir sus saberes en profesión.

6 Principales agentes del sector privado

Las escuelas de música y arte

De acuerdo con el SIMUS (2020), a diciembre de 2018 existían en el país 227 escuelas de música legalmente registradas y constituidas, pero, como asegura este organismo, cabe señalar que se estima contar con la caracterización de solo un 60 % de las mismas. Al igual que las casas de cultura, las escuelas de música y arte son espacios que brindan a los ciudadanos las ventajas de la educación musical en un espacio inclusivo; promueven el desarrollo personal y ofrecen una formación musical primordialmente práctica. Se enfocan en la iniciación musical y la formación individual e instrumental en músicas fundamentalmente populares. Y no pertenecen al sistema educativo nacional.

Los centros de extensión o de bienestar universitario de las IES

Estos espacios, propios de las IES ofertan variedad de actividades artísticas colectivas para toda la comunidad académica (estudiantes, egresados y familiares de funcionarios), siendo la música, la danza y la fotografía las áreas más favorecidas. Para la gran mayoría, las artes representan tan solo un servicio y no toman una dimensión formativa, excepto por algunos casos en los que estos espacios se consideran como semilleros de artistas para sus respectivos programas de pregrado (grado) (Samper, 2013).

7 Conclusiones

Este trabajo da cuenta de un creciente interés por parte de diversos agentes públicos y privados de garantizar el derecho al acceso y calidad en los procesos de formación musical en Colombia, aunque el panorama y realidad educativa del país sigue mostrando un desarrollo discontinuo, fragmentado y desarticulado de la misma en todos los niveles de educación musical, como indican Zapata y Niño (2018).

Basta con detenerse a mirar el crecimiento desproporcional de los programas ofertados en las IES con respecto a la ampliación de programas de formación en el ámbito de aprendizaje no formal, así como el debilitamiento de los procesos de formación musical escolar (en el contexto de la educación básica y media), donde, como indica Samper (2011), su desarrollo ha sido marginal y pierde cada vez más visibilidad. Como señala este autor, dicha realidad se agudiza por la carencia de políticas educativas específicas de corto y largo plazo en torno a la educación musical y artística en el país, pero, sobre todo, por el desacato de las ya establecidas.

En relación con lo anterior, los esfuerzos de los académicos, docentes, artistas, gestores y demás agentes que intervienen en este campo del saber deberían dirigirse con más ahínco a garantizar la implementación de las normas que ya se han establecido pero que se han incumplido, antes que al refuerzo o modificación de la normatividad.

Referencias

Arenas, E. (2010). Elementos para el abordaje de las músicas tradicionales y populares desde las necesidades del músico práctico y sus contextos. *Acontratiempo, 13,* 1–19.

Bermúdez, M., Escobar, H., García, M., Martínez, J., Prada, E. y Samper, A. (2016). Resultados del estudio "Proyecto para diseñar y aplicar los mecanismos de seguimiento y evaluación de la primera fase del modelo sectorial de formación musical en el marco del proyecto Jornada Escolar 40 Horas en Bogotá, Colombia". https://acortar.link/fxK0nP

Consejo Nacional de la Cultura y las Artes (CNCA). (2016). *Caja de herramientas para la educación artística.* Ministerio de las Culturas, las Artes y el Patrimonio. https://bit.ly/3pHFF4z

Consejo Nacional de Política Económica y Social (CONPES 3208). (2002). Lineamientos para la sostenibilidad del plan nacional de cultura 2001–2010 "hacia una ciudadanía democrática cultural". Bogotá, Colombia: Departamento Nacional de Planeación.

Consejo Nacional de Política Económica y Social (CONPES 3409). (2006). *Lineamientos para el Fortalecimiento del Plan Nacional de Música para la Convivencia.* www.mincultura.gov.co/index.php?idcategoria=7133

Departamento Nacional de Planeación (2008). Plan Nacional de Música para la Convivencia. *Departamento Nacional de Planeación*. https://acortar.link/04mAjC

Diamond, A. (2013). Executive functions. *Annual Review of Psychology, 64*, 135–168. https://doi.org/10.1146/annurev-psych-113011-143750

Díaz, M. I. y Pérez, M. P. (2016). Otro enfoque metodológico para la clase de instrumento: la práctica grupal. *ENSAYOS, Revista de la Facultad de Educación de Albacete, 31*(1), 55–66. https://acortar.link/bAHTdn

Herrera, L. (2011). Remembranzas boyacenses "una propuesta para la masificación de los ritmos autóctonos del departamento de Boyacá". *Revista semilleros de investigación, 3*, 37–48.

Ministerio de Cultura. (2008). *Bases para la implementación del proyecto Colombia Creativa. Promoción Bicentenario de profesionales en artes 2008 – 2010*. Bogotá: Ministerio de Cultura.

Ministerio de Cultura. (2019). Colombia Creativa. Objetivos, fases y resultados del programa. https://acortar.link/cv2VZ8

Miñana, C. (2000). Entre el folklore y la etnomusicología. 60 años de estudios sobre la música popular tradicional en Colombia. *A Contratiempo. Revista de música en la cultura, 11*, 36–49. https://acortar.link/c1ihwX

Ñáñez-Rodríguez, J. y Castro-Turriago, H. (2016). Educación artística y formación ciudadana: espacio para forjar la sensibilidad en la Corporación Colegio San Bonifacio, de Ibagué, Colombia. *Entramado, 12*(2), 154–165. https://doi.org/10.18041/entramado.2016v12n2.24221

Ochoa, J. (2011). Geopolíticas del conocimiento en la educación musical universitaria en Colombia. *Revista Acontratiempo, 16*. https://acortar.link/21ZiE5

Rodríguez, E. (2018). Prácticas de enseñanza-aprendizaje tradicional del tiple colombiano en tres maestros artistas del territorio sonoro de la canta y el torbellino. (Trabajo fin de Máster sin publicar). Universidad Antonio Nariño.

Rodríguez, M. (2016). Tensiones de la educación musical escolar en Colombia. X Conferencia Regional Latinoamericana y III Conferencia Regional Panamericana de Educación Musical de la ISME - Sociedad Internacional de Educación Musical. Pontificia Universidad Católica del Perú.

Rodríguez, Y. (2017). Enseñanza-aprendizaje de las agrupaciones Folklórico-Tradicionales en Cundinamarca (Colombia). Revisión de la literatura y propuesta de investigación. [Trabajo fin de Máster inédito]. Universidad de Granada.

Samper, A. (2011). Educación musical a nivel superior e interculturalidad en el siglo XXI: nuevas epistemologías, nuevas aproximaciones didácticas. *El Artista, 8*, 297–316. https://www.redalyc.org/pdf/874/87420931020.pdf

Samper, A. (2013). Perspectivas y desafíos para la educación musical en Colombia en el Siglo XXI; una mirada desde el Departamento de Música de la Pontificia Universidad Javeriana. *Revista Javeriana, 794*, 102–111.

Sistema de Información de la Música (SIMUS). (2020). *Territorios Sonoros de Colombia.* https://territoriosonoro.org/index.html

Sossa, J. (2009). Lugares comunes o apuestas para las políticas públicas en la Educación Artística: Un acercamiento desde la modalidad de educación para el trabajo y el desarrollo humano (ETDH). *Pensamiento, palabra y obra, 1,* 90–101.

Walker, J. (2016). Incans, Liberators, and Jungle Princesses: The Development of Nationalism in the Art Music of Ecuador. *Latin American Music Review, 37*(1), 33 133.

Zapata, G. y Niño, S. (2018). Diversidad cultural como reto a la educación musical en Colombia: problemas relacionales entre culturas musicales, formación e investigación de la música. *Cuadernos de Música, Artes Visuales y Artes Escénicas 13*(2), 227–236. https://doi.org/10.11144/javeriana.mavae13-2.dccr

Damián Saúl Posse Robles[1]

Experiencias didácticas en conservatorios de música desde una perspectiva internacional

Resumen: El ánimo de este capítulo es el de presentar innovaciones en el campo de la enseñanza musical y de la interpretación. Estas cuestiones se dirigen a profesores que combinan su carrera como concertistas de forma paralela al ejercicio de la docencia.

El objetivo principal es demostrar la necesidad de manejar diferentes enfoques didácticos De acuerdo con diversas circunstancias: políticas, sociales y culturales desde la experiencia en el ámbito internacional.

Para ello, se concretan varios aspectos en cuanto al campo de la actuación directa, las posibilidades pedagógicas, las experiencias del docente y su capacidad de plantear herramientas didácticas flexibles adecuadas a cada circunstancia, basadas en la propia investigación de campo en centros educativos de diferentes características.

Por último, a modo de conclusión, se pueden extraer los aspectos y enfoques claves para la enseñanza musical con resultados a largo plazo, utilizando como canal de transmisión la propuesta de un nuevo discurso.

Palabras clave: observación, interpretación musical, contrabajo, docente internacional, diversidad.

1 Introducción

Debido a la aparición de los grandes pedagogos del siglo XX: Kodaly, Willems y Orff, la pedagogía musical resurge de las cenizas, para abrir una nueva y esperanzadora etapa en cuestiones didácticas. Estos pedagogos cambiaron el enfoque del aprendizaje y lo redirigieron hacia una forma nueva de relacionar la música con la sociología y la psicología. Este gran avance didáctico impactó de manera determinante en la forma de comprender el aprendizaje musical en centros escolares y en conservatorios (Díaz y Giráldez, 2007). A pesar de esta evolución didáctica y del intento de realizar cambios estructurales en el sistema de enseñanzas artísticas, no se consiguieron reflejar aquellas innovaciones en las leyes educativas actuales, relegando a la asignatura de música a un papel meramente testimonial en los centros escolares, pasando de ser una materia troncal a una optativa de baja preferencia entre los discentes (LOE, 2020).

---

1   Superar Austria – Verein zür Musik Förderung; Barenboim- Said Foundation en Ramallah, Palestina.

Por otro lado, podemos observar a través de diversas publicaciones cómo el número de interesados en aprender a tocar un instrumento musical ha mermado en los conservatorios de grado elemental y profesional de todo el territorio nacional, a lo que se suma una tasa de abandono y/o fracaso (Martínez, 2009; Valencia, et al., 2003). Investigaciones, que en su gran mayoría están firmadas por los mismos docentes, que achacan las tasas de abandono a la falta de apoyo familiar, a la percepción del género en la música clásica (North et al., 2003) y a la propia idiosincrasia del estudiante, que muestra una probabilidad de abandono mayor, debido a una pérdida de confianza gradual en su propia percepción de la competencia de sus profesores (Álvarez González, 2015; García-Dantas et. al., 2014).

Por otra parte, sabemos que la enseñanza musical en los conservatorios españoles desde finales del siglo XIX ha seguido una dirección puramente técnica y de interpretación de un instrumento o de especialización en musicología y pedagogía. Hecho que no ha supuesto cambios estructurales hasta ahora, pues continúa desarrollando su actividad desde una perspectiva conservadora. Todas estas cuestiones, aunque los nuevos decretos incorporan gradualmente novedades en cuanto a la atención a la diversidad o las nuevas tecnologías, por desgracia aún no se han conseguido llevar a la práctica (Lines, 2009; Rosa Napal, 2015).

Así mismo, podemos percibir que las nuevas tecnologías han cambiado la percepción de la música culta. Las tendencias cada vez más fugaces, inclinadas hacia la *viralidad*, han modificado la percepción de nuestros jóvenes sobre este arte, donde las grandes sinfonías se alejan de la estética del momento y el público de auditorios y teatros se encuentra en edad madura y avanzada (González, 2015). Por otro lado, las nuevas tecnologías (TIC) han favorecido el acceso prácticamente universal a cualquier tipo de música, lo que no ha favorecido el interés por la música denominada "clásica", aspecto que perjudica seriamente a la pervivencia de los conservatorios de música (Drösser, 2012).

2 La inclusión de nuevas herramientas didácticas a través de la experiencia en el extranjero

El trabajo que aquí se propone pone el foco en la actuación docente, ya que es un factor importante en el abandono de los estudios de conservatorio, debido a que en gran medida, tiene que ver con la percepción que se tiene de ellos (Gainza, 2002).

Para plantear una nueva forma de transmitir los conocimientos a los discentes y futuros profesionales, dejaremos momentáneamente a un lado el plano puramente teórico y prestaremos atención al origen del discurso. Desde la retórica de

Aristóteles (1998), como forma simbólica de desconstrucción, y desde la auto-crítica, comenzaremos entonces a construir un discurso renovado a través de diversas situaciones profesionales.

Por todo ello y tomando como base la propia, nuestra experiencia durante los últimos años en distintos centros de educación musical, entre los que cabe destacar: Superar en Austria, el conservatorio *Rythmoi* en Grecia y la Fundación Barenboim-Said en Palestina, se planteará una propuesta de innovación y de creación de nuevos enfoques didácticos de actuación docente, para la enseñanza de música en los conservatorios.

Ethos
Superar Austria es una asociación internacional para la promoción de la música, creada por la Wiener Konzerthaus y los niños cantores de Viena en 2009, en la ciudad de Viena, con el objetivo de ofrecer una enseñanza musical gratuita a niños y jóvenes de cualquier procedencia y condición. Hoy en día, 3000 niños de 7 países se benefician de su labor, con un equipo de más de 50 profesores. El método educativo partió de la base del sistema venezolano de orquestas Simón Bolívar, con múltiples sesiones semanales en seccionales por instrumento y de orquesta en conjunto, y está sujeto a la normativa austriaca de educación, la cual, y a diferencia de países como España integra los estudios musicales dentro de la educación general en forma de "Musikschule" o "Musikgymnasium".

En 2018, se creó el aula de contrabajo. En ella se ha desarrollado durante los últimos años, una actividad basada en los principios psicológicos del desarrollo adolescente junto a la pedagogía educativa. El proceso que se obtiene a través de clases individuales y grupales, aporta numerosos beneficios (Castro- Alonso y Chao-Fernández, 2021) y se fundamenta en la adquisición de destrezas técnicas y de interpretación, semejante al que se podría conseguir a través del conser-vatorio. El objetivo principal de esta organización está orientada a relacionar la obtención de metas dentro del aula con el mundo exterior, utilizando un instru-mento musical como medio de canalización.

En lo que se refiere al trabajo en aula, lo primero que podemos descubrir como docentes es que el sistema técnico y estático en cuanto a innovación edu-cativa, como el de un conservatorio, no es eficaz. Esto se debe al gran abanico de perfiles de los alumnos (Silberman y Sacks, 2015), y que la gran mayoría de ellos no pretende una dedicación profesional en la música. A este hecho y a la falta de perspectiva vital, se le suman en algunos casos dificultades psicológicas, trastorno del desarrollo como el asperger y contextos familiares problemáticos. Por todo esto, se proponen métodos basados en elementos del lenguaje metafó-rico, tanto en sesiones individuales como grupales, que se prestan como una de las formas más eficientes para cruzar las barreras y establecer un avance a nivel de desarrollo cognitivo, al mismo tiempo que conecta con el alumno sin exigirle grandes esfuerzos (Alonso-Jartín y Chao-Fernández, 2018).

Pathos

La ley educativa de enseñanzas artísticas en Palestina fue hasta 2017 un compendio de los decretos de Jordania en los territorios palestinos y de la egipcia en la franja de Gaza. El 7 de marzo de 2017 se establece, por primera vez, un decreto que regula el sistema educativo de forma autónoma en todo el territorio palestino, además de los requerimientos de acceso docente a los puestos de funcionariado de música en los conservatorios y escuelas de música oficiales (Gaceta Palestina 575, p. 10). Estas cuestiones, se asemejan a la organización en España, en cuanto a la distribución de cursos, duración de la educación obligatoria y el acceso a la docencia en centros medios y superiores, eso sí, dándose la paradoja de que en la actualidad nuestro sistema es 12 años más antiguo (Gaceta Palestina, 575 p. 13).

"La música puede ser la mejor escuela de la vida, y al mismo tiempo, la forma más eficaz de huir de ella". Con estas palabras se expresaba Daniel Barenboim en una carta dirigida a Edward Said, el 29 de marzo de 2001 (Barenboim y Said, 2002, pp.147– 149). La música para Barenboim tiene la versatilidad que se desee, y por lo tanto no entiende de naciones y sí de universalidad y transversalidad. Debido a esta aserción, Edward Said y el Maestro concibieron un proyecto en el que israelíes y palestinos podían hacer música juntos, sin que el lugar de procedencia de los integrantes fuera una dificultad añadida a la interpretación. Aunque no debemos olvidar que más de 50 años de conflicto entre ambas partes, proporcionan el clima perfecto para la enseñanza instrumental, ya que el pensamiento de tolerancia tranquila, juega un papel fundamental. Cuando la música se entiende no como un arte, sino como un estilo de vida, podemos dejar atrás el prejuicio de la nacionalidad, la religión o cualquier otro tipo de creencia, sintiéndonos como en casa independientemente de las personas que nos rodean, y de los lugares donde nos encontramos (Barenboim y Said, 2002, p.13–14). Por tanto, en este contexto, se puede comenzar a tolerar, sin que esto suponga un dilema moral.

Mientras, los docentes en Europa viven una situación relativamente estable en los conservatorios profesionales. Se ven en ocasiones sumergidos en un síndrome de Procusto, rodeados por circunstancias cada vez más complejas a nivel burocrático, y con un perfil bajo, desmotivado y sin referencias. El alumnado por su parte trata de salir al paso de una ingente cantidad de horas en el colegio, para tener a continuación que pasar las tardes en un conservatorio, a veces en contra de su voluntad, y lo que debería ser un ambiente de inspiración y motivación, se convierte en frustración y negatividad.

Sin embargo, cuando la educación musical sucede, "a pesar de las circunstancias", se revela un nuevo concepto de *Pathos,* introducido por Barenboim y Said. Los alumnos tienen un perfil muy diferenciado y el talento aparece aquí, como en muchos otros lugares, a pesar del contexto social y geográfico al que pertenecen. Aquí encontramos desde estudiantes incapaces de interpretar, después de varios años de cárcel por negarse a realizar el servicio militar, hasta los que acuden a cada clase como si fuese la última, sabiendo que sus estudios durarán hasta que las obligaciones de sus tradiciones la conviertan en ama de casa para el resto de su vida. Cualquier presencia de ego o de autoridad moral del docente queda descartada por ineficaz desde el principio, ya que la realidad que viven los discentes los dota de un compromiso mayor en sus estudios musicales.

Kairos

El conservatorio *Rythmoi* se construye en 2018 desde las bases pedagógicas de Montessori, Kodaly y Orff, ofreciendo un paso más allá en el favorecimiento de la creatividad y de la motivación de los estudiantes, sobre todo en edades tempranas. El primer planteamiento de innovación que pone en funcionamiento es el de crear un espacio en el que el ambiente favorezca la comodidad y la expresión de los estudiantes desde el mismo momento en que acceden al centro. El conservatorio es como un hogar e invita a sentirse como en casa, aspecto interesante desde el punto de vista de la interacción entre aprendizaje, interpretación y psicología (Sloboda,1985). En lo que se refiere al sistema educativo, se aplica una metodología basada en contenidos y objetivos de la ley educativa vigente en Grecia respecto a las enseñanzas artísticas (Gaceta Oficial 229/A/1957).

Así mismo, junto a las normas legales, se presentan variaciones significativas sobre todo en los primeros años y en edades tempranas, que comienzan a conocer la música sin instrumentos concretos, utilizando como medio la metodología Montessori para un primer punto de contacto. La educación en este centro musical parte de juegos y movimientos, trabajando la coordinación y la expresión corporal, que a través de las sesiones se van trasladando progresivamente hacia el instrumento musical. Mediante el juego, se desarrollan aspectos como la socialización, tan crucial para el desarrollo del apego (Frody & Thompson, 1985) utilizando la simbología y la imitación como introducción a la interpretación, además de actividades con asociaciones regladas en lo que respecta al lenguaje musical. Se ofrece de esta forma, unos primeros años de educación musical en la que los niños aprenden a conocer los instrumentos antes de elegirlos, e impulsa su motivación y eficiencia posterior en el momento de comenzar a adquirir conocimientos puramente técnicos. Además, las actividades grupales tienen lugar dentro de esta forma de enseñanza, a través de la realización de proyectos interdisciplinares como musicales y obras de teatro.

3 Conclusiones

Realizar un trabajo en un centro educativo, no significa que seamos docentes. Ante esta aseveración, definiré varias conclusiones desprendidas de cada uno de los centros educativos descritos anteriormente, con la intención de remover conciencias a nivel docente y legislativo que pudieran reestructurar la enseñanza musical. Considerándola como disciplina artística capaz de cambiar el mundo en que vivimos, para caminar hacia el entendimiento y el respeto que todo ser humano merece.

Desde Superar, tomaremos una enseñanza individualizada junto a la introducción de valores de autoestima, autocrítica y superación personal a través del aprendizaje de un instrumento. Para este fin, se deberá dotar al docente de una preparación más profunda en cuestiones sociológicas y psicológicas y que estas, deberán ir de la mano en la enseñanza musical. Proporcionando, así como objetivo final, que los discentes relacionen el aprendizaje musical como vía para mejorar sus posibilidades vitales que, definitivamente, cambiarán su futuro profesional.

Partiendo de la experiencia en la Fundación Barenboim-Said de Ramallah, se descubre, desde un primer momento, que tratar de enseñar no tiene por qué estar encaminado hacia lo que puede suceder en el futuro, sino que, tal vez mirando al pasado, se puede lograr un aprendizaje más valioso. En este contexto, el lugar donde te posicionas como docente ofrece un campo abierto a los estudiantes y no un condicionante a modo de valor coercitivo. Aquí, en la fundación y en el momento de comenzar una sesión o un ensayo, los títulos, la posición social o los escenarios en los que se ha podido estar, dejan de tener valor rápidamente, ante una visión de la realidad con la que se debe convivir desde un liderazgo tranquilo. La dificultad de la enseñanza en este terreno es la de tratar de establecer una relación con un estudiante de perfil marcado por un conflicto bélico sin final, las limitaciones de la propia religión y que en ocasiones ponen en riesgo su propia integridad por acudir a sus clases. El "hecho íntimo y maravilloso" que describe Aristóteles en su retórica, invita a eliminar del discurso docente el *Pathos*; un simple saludo y un choque de manos, puede ser innovador en sí mismo, si uno se olvida de donde proviene (Aristóteles, 1998, p. 30).

La práctica docente en Grecia se fundamenta en saber elegir el momento y el *tempo* de cada etapa en las enseñanzas artísticas, cuestión importantísima y efectiva en la enseñanza de los siguientes años. En contraposición con los conservatorios al uso, cuya estructura es prácticamente inflexible hasta la finalización del grado profesional, algunos conservatorios como *Rythmoi*, ya demuestran hoy en día que no es solo necesario cambiar el espacio del centro hacia nuevas distribuciones y ambientes, sino además que sus docentes deben dejar atrás la premisa de "si trabajo en un conservatorio, soy bueno". Aristóteles define el concepto de tiempo con un sentido cualitativo, como algo que no es posible medir. En el *Kairos*, no existen ni el pasado ni el futuro, si no que cada meta que nos propongamos obtener es plausible si sabemos elegir el momento adecuado para cada paso y con cada alumno. Entender el proceso de enseñanza de este modo, ha supuesto un cambio en mi percepción a la hora de plantear la educación reglada como algo inamovible e inevitable. Flexibilizar las estrategias educativas para transmitir conocimientos, no solo tiene que ver con una planificación milimétrica y detallada, sino que también debe reconfigurarse desde la raíz del educador y el educando.

Como contrapunto a las conclusiones obtenidas de Austria, Palestina y Grecia encontramos al docente de conservatorios y escuelas de música tradicionales, con una retórica construida por un conocimiento estático que nace de un sistema apenas evolucionado en el último siglo. Las motivaciones para enseñar pueden ser muchas y muy variadas, pero se puede perder la perspectiva como experto en cuestiones didácticas, si no se tiene en cuenta que lo que creemos diferente, visto desde un ángulo más abierto, proporciona conocimiento y herramientas para nuestra función docente. Así mismo, los profesores nos sentimos cómodos cuando nuestros alumnos provienen de circunstancias similares a las nuestras, sin considerar la posibilidad de que la perspectiva cambia con experiencias lejanas a nuestro descansado centro de trabajo (Musumeci, 1998).

Por otro lado, debemos considerar que los países que gestionan la educación musical como un aspecto imprescindible dentro del currículo principal en la enseñanza, están poniendo el foco en un cuerpo docente especializado, no solamente sobre el papel, sino también en la práctica activa de su profesión llevada al aula en última instancia (Gainza, 2002; Lines, 2009).

Además, es imprescindible el restablecimiento de la música como pilar de aprendizaje en la educación primaria de la sociedad, y el acercamiento de los conservatorios a la educación principal de los centros, que podría producir un efecto muy positivo entre los discentes y la sociedad en general, para dotar a los auditorios con público de todas las edades y condiciones sociales (Álvarez González, 2015).

Estas cuestiones que he extraído desde la observación respetuosa y desde la práctica docente, pueden revelarse como imposibles, ya que no están sujetas a certificados ni a las titulaciones, sino a una forma de entender el desempeño de la educación artística a través de recorrer el camino más dificultoso, el de entender la enseñanza desde los condicionantes del otro y no desde la exigencia institucional. Realidad que no cambiaría en ningún caso, ya que aporta un alto grado de satisfacción, por las innumerables situaciones que he podido experimentar tanto a nivel personal, musical y profesional.

Sabemos que existen muchas innovaciones en el campo de la docencia, muchos elementos capacitadores que producen cambios en los currículos, en los contenidos y en la didáctica (Díaz y Giráldez, 2007), aunque la mejor de las innovaciones, en mi opinión, es la de huir de la comodidad y comenzar cada día a convencerse de nuevo: "se hace camino al andar" (Machado, 1917).

Referencias

Aristóteles (1998). *Retórica*. Alianza.

Alonso-Jartín, R. y Chao-Fernández, R. (2018). Creatividad en el aprendizaje instrumental: lenguaje metafórico, velocidad del procesamiento cognitivo y cinestesia. *Creatividad y Sociedad, 28*, 7–30.

Álvarez González, E. (5 de abril de 2015). *Los abandonos de carreras musicales se multiplican con el bachillerato*. La voz de Galicia. https://acortar.link/dDxj0L

Barenboim, D. y Said E. (2002). *Paralelismos y paradojas: reflexiones sobre música y sociedad*. Debate.

Castro Alonso, V. y Chao Fernández, R. (2020). Valores cohesivos de la creación musical en el aula. Estudio intercultural a través del gamelán indonesio. *ARTSEDUCA, 29*, 181–194. https://doi.org/10.6035/Artseduca.2021.29.14

Díaz, M. y Giráldez, A. (Coords.) (2007). *Aportaciones teóricas y metodológicas a la educación musical. Una selección de autores relevantes*. Graó.

Drösser, Ch. (2012). *La seducción de la música. Los secretos de nuestro instinto musical*. Ariel.

Frody, A. & Thompson, R. (1985). Infants' affective responses in the Strange Situation: effects of prematurity and of quality of attachment. *Child Development, 56*, 1280–1290.

Gainza, V. (2002). *Pedagogía musical. Dos décadas de pensamiento y acción educativa*. Lumen.

García-Dantas, A., González, J. y González, F. (2014). *Factores psicológicos relacionados con la intencionalidad de abandonar las enseñanzas profesionales de rendimiento musical*. [online] Digitum.um.es. <https://digitum.um.es/digitum/handle/10201/37909>

González T. (26 de diciembre de 2015) *La crisis de audiencia en la música clásica.* Gran Pausa. http://granpausa.com/2015/12/26/la-crisis-de-audiencia-en-la-musica- clasica

Gaceta Palestina nº 575, (7 de marzo de 2017), Decreto-Ley N° 8 de 2017 para la educación pública. https://acortar.link/FgunDA

Ley de educación por la que se regulan los estudios de música en Grecia: Gaceta Oficial 229/A/1957. http://www.et.gr/index.php/anazitisi-fek

Lines, D. (2009). La educación musical en la cultura contemporánea. En D. Lines (Comp.). *La educación musical para el nuevo milenio* (pp. 13–20*)*. Morata.

Machado, A. (1917). *Caminante, no hay camino en Campos de Castilla.* Renacimiento.

Martínez, J. S. (2009). Fracaso escolar, PISA y la difícil ESO. *Revista de la Asociación de Sociología de la Educación, 2*(1), 56–85.

Musumeci, O. (1998). ¿Deberíamos Cambiar Conservatorio por "Renovatorio"? Hacia un Modelo de la Idiosincrasia de los Conservatorios. *Fundamentos de Educação Musical*, Associação Brasileira de Educação Musical, Salvador.

North, A. C., Colley, A. M. & Hargreaves, D. J. (2003) Adolescents' perceptions of the music of male and female composers. *Psychology of Music, 31*, 139–154

Rosa Napal, F. C. (2015). La formación musical del futuro profesorado de educación primaria [Tesis doctoral]. Universidade da Coruña. http://ruc.udc.es/dspace/handle/2183/15952.

Sloboda, J. A. (2012). *La mente musical: La psicología cognitiva de la música.* Machado Ediciones.

Silberman, S. & Sacks, O. (2015). *Neurotribes: The Legacy of Autism. And How to Think Smarter.* Allen & Unwin c/o Atlantic Books.

Valencia, D., Ventura, R. y Escandell, B. (2003). El abandono de los estudios musicales del grado elemental en el Conservatorio Superior de Música de Las Palmas de Gran Canaria. *Anuario de Filosofía, Psicología y Sociología, 6*, 77–100.

Vicenta Gisbert Caudeli[1] y Miguel Ángel Mateo Gijón[2]

Liderazgo en la Dirección Musical. La materia olvidada en los conservatorios superiores

Resumen: Se presenta en estas páginas una investigación sistemática realizada con la intención de averiguar si está contemplada la formación en liderazgo, en los planes de estudios de los distintos conservatorios superiores, donde se puede obtener la titulación en la especialidad de Dirección. Se consultaron treinta y dos conservatorios superiores del territorio nacional (Asociación Española de Documentación Musical, s.f.), en los que solo en doce se oferta la especialidad de Dirección. Seguidamente se comprobaron las materias obligatorias y optativas incorporadas en sus programaciones y el resultado obtenido muestra que no se imparte ninguna asignatura relacionada con el liderazgo. Se considera necesaria la incorporación de alguna materia vinculada al liderazgo para proporcionar conocimientos y destrezas imprescindibles para los futuros directores musicales en su labor como gestores de equipos humanos con desempeño artístico.

Palabras clave: Dirección musical, liderazgo, conservatorios superiores, gestión humana.

1 Introducción

El director musical, con independencia de la agrupación a su cargo (vocal o instrumental), ha de poseer elevados conocimientos musicales y un notable dominio técnico en la dirección y, sin lugar a duda, ha de ser un buen líder. El contenido básico de las Enseñanzas Artísticas Superiores de Grado en Música, publicado el 14 de mayo de 2010 en el Real Decreto 631/2010 en su Anexo III, establece la décima competencia transversal: CT10 Liderar y gestionar grupos de trabajo. Aunque el liderazgo está contemplado entre los contenidos básicos, con esta investigación se ha pretendido averiguar cómo está incorporado en las programaciones de los conservatorios superiores en los que se puede cursar la especialidad de Dirección.

2 Estado de la cuestión

La interpretación musical colectiva plantea dificultades para establecer y unificar criterios, de ahí la necesidad de la figura del director. Desde tiempos

---

1 Universidad Autónoma de Madrid.
2 Cuerpo de Músicas Militares del Ministerio de Defensa.

inmemoriales, se encuentran pinturas que representan grupos de individuos danzando, sospechamos también que pudieran estar cantando. Observamos en la Figura 1, perteneciente al Neolítico Antiguo, una escena similar a las danzas rituales procedentes de las tribus indígenas. En esta escena podemos distinguir un individuo con un objeto similar a un bastón, entre las hipótesis barajadas se encuentra la que presupone a este individuo mayor poder, podría considerarse capacitado para el mando, sería el posible director del grupo (García Asensio, 2012).

Fig. 1. Pinturas rupestres de Abrigo de Voro en Quesa.
Nota. Fuente. https://josueferrer.com/tag/arte-rupestre/

Los textos bíblicos y escenas cristianas representadas en cerámicas y vasijas coinciden al representar una figura al frente del grupo, como el primer cantor de los cantos vedas encargado de marcar las palabras con mayor peso en su recitado, la quironomía con la que se dirigían los cantos medievales o el Corifeo que marcaba el pulso con sus pisadas (Lebrecht, 1997; Leiter, 2016). El hallazgo común en todos los ejemplos, a pesar de la diferente época o cultura, es el líder que toma decisiones para una única interpretación.

El maestro de capilla se ocupó de dirigir al conjunto musical hasta aproximadamente el siglo XVIII, completando sus obligaciones con la composición, la organización y administración del propio grupo (García Vidal, 2008).

Progresivamente se incrementó el número de intérpretes de los grupos, por lo que fue necesario independizar la figura del compositor de la figura del director, que inicialmente recaían sobre la misma persona. Los inicios de la dirección podemos encontrarlos en el bastón de mando con el que se marcaba el pulso o en los intensos taconeos del primer violín, proporcionando así una guía para la interpretación colectiva (Duarte, 2020).

El primer violín y el teclista, en la interpretación operística, hacían las veces de directores marcando el tempo y las entradas de los solistas, unas ocasiones con gestos, taconeos y movimientos de cabeza o bien con indicaciones realizadas con el propio arco, al encontrar criterios diferentes en ambos responsables se incurría en ciertas incoherencias provocando un resultado caótico y poco efectivo (Leiter, 2016). La introducción de nuevos instrumentos en las agrupaciones musicales y el incremento en la complejidad compositiva mostraron la necesidad de incorporar la figura del director (García Vidal, 2008).

A comienzos del siglo XIX aparece la batuta como la entendemos en la actualidad, el primero en utilizarla fue Louis Spohr. La dirección orquestal no se contempló como un arte hasta que Héctor Berlioz le otorgara esa consideración incorporando en 1855 un capítulo dedicado a la dirección en su *Grand Traite d'Instrumentation et d'Orchestration Modernes*, publicado once años antes (Bowen, 2005). Desde los inicios de la dirección se atendió a aspectos extramusicales como la mirada, el porte, el respeto que inspiraba, etc., avanzando hacia la expresión, la pasión y el carácter considerados relevantes para el desarrollo de la dirección musical (Martínez, s.f.).

Hans von Bülow (Figura 2), alumno de Richard Wagner, considerado el primer director profesional (no compositor), sentó las bases de la dirección orquestal conforme la comprendemos en la actualidad (Leiter, 2016). En poco tiempo se pasó de marcar el tiempo a dirigir, una transformación de la figura del director propiciada, en cierto modo, por Richard Wagner en su tratado *Über das Dirigieren* [El arte de dirigir la orquesta]. El director se convierte, entre otros, en el responsable de la flexibilización de los *tempi* musicales (Martínez, s.f.).

La relativa rigidez del director que se limita a seguir el pulso fue dando paso al proceso creativo e improvisado de la interpretación, proporcionando una mayor libertad sobre la composición también al director, aunque podamos encontrar ejemplos de rigurosidad interpretativa en la dirección en Strauss o Toscanini (Martínez, s.f.; García Vidal, 2008). En ocasiones la dirección musical puede observarse como una actividad mística donde el director se muestra ausente, encontrando cierta similitud con el estado de trance, centrándose únicamente en la búsqueda de la belleza sonora añadiendo con posterioridad cierta base filosófica vinculada al budismo. Entre los directores que pasaron a la historia (Karajan,

Fig. 2. Hans von Bülow con su batuta
Nota. Fuente https://alchetron.com/Hans-von-B%C3%BClow

Kleiber, Klemperer, etc.), el único que se preocupó en describir y compartir sus teorías y vivencias prácticas fue Celibidache (Gallastegui Roca, 2017).

Más allá de los conocimientos teóricos y técnicos musicales, un director ha de ser un buen líder y vamos a mostrar a continuación algunas definiciones, comprendiendo que es un término con diversas interpretaciones (Duarte, 2020).

El liderazgo puede definirse como un proceso que influye en las actividades individuales o colectivas conducentes a alcanzar un objetivo (Hersey y Blanchard, 1993), puede considerarse también como una tendencia transformadora de instituciones y organizaciones donde el líder es máximo promotor y gestor del cambio (Villa, Escotet y Goñi, 1993). Puede entenderse como un proceso en el que se potencian ciertas destrezas que promueven la consecución de unos logros mediante la potenciación de la motivación y cohesión grupal (French y Bell, 1996).

Caracterizamos al líder de un colectivo como un individuo poderoso que contribuye a la seguridad y satisfacción de las necesidades del grupo, siendo capaz de ejercer su influencia grupal para obtener los resultados que pretende alcanzar (Kreitner y Kinicki, 1997; Robbins y Judge, 2009). Sobre las cualidades que ha de poseer un líder (Figura 3) encontramos que se consideran cualidades innatas

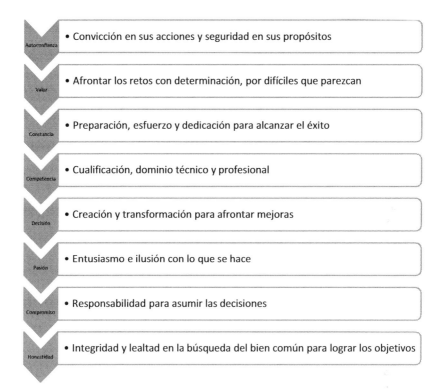

- Convicción en sus acciones y seguridad en sus propósitos
- Afrontar los retos con determinación, por difíciles que parezcan
- Preparación, esfuerzo y dedicación para alcanzar el éxito
- Cualificación, dominio técnico y profesional
- Creación y transformación para afrontar mejoras
- Entusiasmo e ilusión con lo que se hace
- Responsabilidad para asumir las decisiones
- Integridad y lealtad en la búsqueda del bien común para lograr los objetivos

Fig. 3. Cualidades del líder
Nota. Elaboración propia

(no aprendidas) que forman parte de la personalidad y distinguen al individuo respecto del resto (Labrada, Acebo y Fernández, 2017; Matheopoulos, 2007).

El líder suele considerarse una persona carismática, un individuo que tiene cierto atractivo personal, que destaca entre el grupo y fascina con su forma de comunicarse, por su presencia o su personalidad (García-García, 2020). Las cualidades que ha de presentar un líder se vinculan a su autoconcepto y a su propia actitud, pudiendo encontrar aspectos relacionados con su confianza o valor, pero también con su entusiasmo o tenacidad, como hemos visto en la Figura 3.

Además de las cualidades innatas, el líder es capaz de aprender ciertas conductas que potencian su capacidad para dirigir al grupo, son las habilidades del líder y para favorecerlas es preciso mostrar interés y predisposición en ello. Una persona con mayor capacidad puede encontrar mayores limitaciones que una persona con menor capacidad y una alta predisposición a afrontar un reto. En la publicación *El Mando como Líder* del Mando de Adiestramiento y Doctrina (MADOC, 1998) se recopilan las habilidades que ha de poseer un líder, se presentan a continuación en la Figura 4.

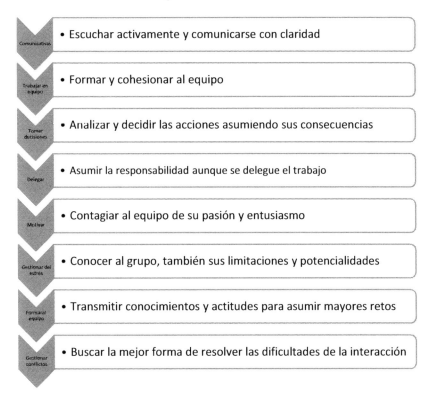

Fig. 4. Habilidades del líder
Nota. Elaboración propia

El director musical, más allá de marcar los *tempi*, los matices, las entradas o los finales, ha de garantizar el mejor resultado musical, debe optimizar la calidad técnica y expresiva del resultado final de la interpretación colectiva. No es de extrañar, por tanto, que, ante la interpretación de una obra por la misma orquesta bajo la batuta de un director u otro, el resultado obtenido pueda variar considerablemente. Algunos de los directores más reconocidos han destacado, más allá de su dominio técnico, por la facilidad con la que obtenían de los músicos la mejor versión de su interpretación (García Asensio, 2017; Magiera, 2020).

Algunos intérpretes han mencionado cómo percibían cierta *fuerza hipnótica* en la mirada del director o su capacidad de proyectar su sentir musical mediante el gesto, facilitando una interpretación colectiva cohesionada (Magiera, 2020; Talgam, 2017). La batuta del director es una simple herramienta, su instrumento es el conjunto de intérpretes que dirige. Desde su puesto, el director puede escuchar cada instrumento, su mirada llega a cada músico y su gesto muestra qué y cómo debe sonar, pues es el único que posee la escucha de conjunto ya que cada intérprete se centra en su propia melodía y es la única sobre la que tiene control (Canetti, 2013; Matheopoulos, 2007; Talgam, 2017).

El director ha de desarrollar sus destrezas para la interacción humana, expresarse con tacto, mostrarse comprensivo y prudente en sus valoraciones y ser altamente empático, podríamos resumir estas cualidades afirmando que el director precisa de cierto conocimiento y dominio psicológico para hacerse con el grupo, así como un incuestionable magnetismo y energía corporal para conectar con los músicos. Coinciden en este planteamiento algunos directores destacados como Zubin Metha que insiste en la importancia de saber tratar a los músicos o Claudio Abbado que prioriza la comprensión y comunicación con el intérprete. El prestigioso director Enrique García Asensio, otorga gran valor al autocontrol, considerando fundamental la investigación en el ámbito psicológico, las relaciones humanas, el miedo escénico o la capacidad de liderazgo (García Asensio, 2017; Matheopoulos, 2007).

3 Metodología

Para dar respuesta a nuestro objetivo de averiguar cómo está contemplado el liderazgo en las programaciones de los conservatorios superiores en los que se puede cursar la especialidad de Dirección, en primer lugar, se ha hecho una revisión sistemática de las páginas web de los conservatorios superiores de música, tanto públicos como privados, para determinar en qué centros se imparte dicha especialidad, que, en definitiva, conforma la muestra de este estudio.

Posteriormente, se revisó el estado del arte con relación a las diversas funciones del director musical y su capacidad de liderazgo. Para ello se realizó una revisión bibliográfica descriptiva con el fin de emprender un análisis en el que presentar las publicaciones más relevantes relacionadas con la temática que nos ocupa, mostrando una evidente limitación de estudios de esta índole. Se acometieron diversas búsquedas en algunas bases de datos, como *Web of Science, Scopus* y *Google Scholar,* estudiando cómo se enmarca el liderazgo en las publicaciones halladas para comprender en qué situación se encuentra el objeto de estudio. La búsqueda y recopilación bibliográfica contrasta las similitudes y discrepancias en los diferentes planteamientos, así como contribuye a elaborar una aportación novedosa a esta línea de investigación, favoreciendo su transformación conceptual y transmisión de este (Tramullas, 2020).

Por último, se procedió a realizar un análisis documental para averiguar si el liderazgo está presente en alguna de las materias como contenido. Para ello se consultaron las programaciones disponibles en los conservatorios superiores y centros privados que disponen de la especialidad de Dirección Musical.

4 Resultados

Tras el estudio de las páginas web de los diferentes conservatorios superiores de música de España se ha comprobado que solo en doce se puede cursar la especialidad de Dirección:

- Real Conservatorio Superior de Música de Madrid (RCSMM)
- Conservatorio Superior de Música de Aragón (CSMA)
- Escuela Superior de Música de Cataluña (ESMUC)
- Real Conservatorio Superior de Música Victoria Eugenia de Granada
- Conservatorio Superior de Música de Castilla-La Mancha (CSMCLM)
- Conservatorio Superior de Música Oscar Esplá de Alicante (CSMA)
- Conservatorio Superior de Música "Joaquín Rodrigo" de Valencia (CSMV)
- Conservatorio Superior de Música de A Coruña
- Centro Superior de Música del País Vasco Musikene
- Conservatorio Superior de Música Eduardo Martínez Torner (CONSMUPA) de Asturias
- Conservatorio Superior de Música de Murcia Massotti
- Centro Superior Katarina Gurska de Madrid

Una vez determinada la muestra de este estudio se procedió a consultar las programaciones disponibles en los conservatorios superiores y centros privados que poseen de la especialidad de Dirección Musical, contrastando las materias obligatorias y optativas buscando coincidencias y discrepancias entre ellas con la intención de analizar si está contemplado de algún modo el contenido vinculado al liderazgo.

El contenido básico de las Enseñanzas Artísticas Superiores de Grado en Música está recogido en el Anexo I del Real Decreto 631/2010, de 14 de mayo, en el que se especifican las competencias transversales a adquirir tras la superación del grado, según la Ley Orgánica 2/2006 de Educación del 3 de mayo. La competencia transversal (CT) más relacionada con el tema de investigación es la siguiente: CT10. Liderar y gestionar grupos de trabajo.

Entre las competencias generales (CG) que se mencionan en el Real Decreto no se encuentra ninguna con relación directa sobre el liderazgo, sin embargo, de una forma indirecta, podríamos considerar que algunas contribuyen en ello:

- CG08 Aplicar los métodos de trabajo más apropiados para superar los retos que se le presenten en el terreno del estudio personal y en la práctica musical colectiva.
- CG10 Argumentar y expresar verbalmente sus puntos de vista sobre conceptos musicales diversos.
- CG16 Conocer el contexto social, cultural y económico en que se desarrolla la práctica musical, con especial atención a su entorno más inmediato pero con atención a su dimensión global.
- CG18 Comunicar de forma escrita y verbal el contenido y los objetivos de su actividad profesional a personas especializadas, con uso adecuado del vocabulario técnico y general.
- CG21 Crear y dar forma a sus propios conceptos artísticos habiendo desarrollado la capacidad de expresarse a través de ellos a partir de técnicas y recursos asimilados.
- CG24 Desarrollar capacidades para la autoformación a lo largo de su vida profesional.

Concentrándonos en las competencias específicas (CE), las más relacionadas con el liderazgo son las siguientes:

- CE09 Desarrollar la capacidad de comunicación y entendimiento con los demás músicos desde la especial responsabilidad y el liderazgo que conlleva la profesión de director.
- CE10 Transmitir verbalmente pensamientos musicales bien estructurados, concretos y globales, de carácter teórico, analítico, estético y crítico.
- CE11 Adquirir una personalidad artística singular y flexible que permita adaptarse a entornos y retos musicales múltiples.
- CE12 Conocer las implicaciones escénicas que conlleva su actividad profesional y ser capaz de desarrollar sus aplicaciones prácticas en su ámbito de trabajo.

En esas competencias, más allá de aspectos técnico-musicales, se atiende a aspectos relacionados con la interacción como la comunicación, la adecuación del discurso conforme la procedencia sociocultural del interlocutor, el desarrollo formativo individual, etc.

4 Conclusiones

El objetivo de esta investigación se ha centrado en demostrar la inexistente formación en liderazgo recibida por aquellos que cursan la especialidad de Dirección Musical en el conservatorio superior. Habiéndose presentado en este trabajo la relevancia y necesidad de una sólida formación en liderazgo, con la que afrontar con éxito la gestión humana del grupo musical, podemos concluir que resulta conveniente la revisión de las distintas programaciones de la especialidad para integrar materias relacionadas. La incorporación del liderazgo podría contribuir a la mejora de los resultados artístico-musicales, puesto que la interacción humana se vincula con un mejor desempeño profesional.

Referencias

Asociación Española de Documentación Musical (s.f.). https://www.aedom.org/actividades/168-mapa-de-conservatorios-superiores-de-musica-en-espana

Bowen, H. (2005). *¿Does the music matter? Motivations for attending a music festival*. Cognizant Communication Corporation.

Duarte, R. F. M. (2020). Liderazgo educativo en el siglo XXI. *Revista Digital de Investigación y Postgrado, 1*(2), 86–111. https://redip.iesip.edu.ve/ojs/index.php/redip/article/view/22

French, W. & Bell, C. H. (1996). *Desarrollo Organizacional*. Prentice Hall.

García Asensio, E. (2012, marzo 22). El director de orquesta. *Melómano Digital*. https://www.melomanodigital.com/el-director-de-orquesta/

García Asensio, E. (2017). *Dirección Musical. La Técnica de Sergiu Celibidache*. Piles, Editorial de Música, S.A.

García-García, M. D. (2020). Liderazgo carismático y su influencia en la satisfacción laboral docente. Estudio de caso. *Polo del Conocimiento, 5*(3). https://dialnet.unirioja.es/descarga/articulo/7398410.pdf

García Vidal, I. (2008). Historia de la dirección de orquesta. *Música y Educación, 74*. https://docplayer.es/14885225-Historia-de-la-direccion-de-orquesta.html

Hersey, P. & Blanchard, K. (1993). *La administración y el comportamiento humano*. Pearson.

Leiter (2016). *Los orígenes de la dirección orquestal*. Leiter's blues. http://leitersblues.com/los-origenes-de-la-direccion-orquestal

Kreitner, R. & Kinicki, A. (1997). *Comportamiento de las Organizaciones*. McGraw Hill.

MADOC (Mando de Adiestramiento y Doctrina) (1998). *El Mando como líder*. Dirección de Doctrina, Orgánica y Materiales.

Martínez, G. (s.f.). *Historia y técnica de la dirección orquestal.* http://ginesm artinezvera.com/Historia%20y%20t%C3%A9cnica%20de%20dire cci%C3%B3n.pdf

Matheopoulos, H. (2007). *Los grandes directores de orquesta.* Ediciones Robinbook, S.L.

Real Decreto 631/2010, de 14 de mayo, por el que se regula el contenido básico de las enseñanzas artísticas superiores de Grado en Música establecidas en la Ley Orgánica 2/2006, de 3 de mayo, de Educación. Boletín Oficial del Estado, núm. 137, de 5 de junio de 2010, 48480–48500. https://www.boe.es/eli/es/rd/2010/05/14/631

Robbins, S.P. & Judge, T.A. (2009). *Comportamiento organizacional.* Pearson Educación. https://www.academia.edu/31127935/Comportamiento_Organizacional_Stephen_P_Robbins_y_Timothy_A_Judge

Villa, A., Escotet, M. A. y Goñi, J. J. (2007). *Modelo de innovación de la educación superior.* Mensajero.

Ruth Alonso Jartín[1]

Hacia el conservatorio ideal

Resumen: El ánimo de este capítulo es el de mostrar las carencias más importantes que presentan los conservatorios en España y que dificultan el aprendizaje de esta enseñanza artística. Para ello, se analizan algunos factores que se consideran fundamentales y que precisan una mejora sustancial: la práctica instrumental, las materias teóricas, la formación docente, la sociedad, la jornada escolar, la diversidad del aula, la ley y la inspección educativa. Finalmente, se proponen los aspectos necesarios para la transformación que precisa el conservatorio, para redirigir sus pasos hacia la competencia y el éxito profesional de los discentes.

Palabras clave: conservatorio, carencias, transformación, calidad.

1 Introducción

En la actualidad la enseñanza que se realiza en el conservatorio presenta múltiples carencias a nivel organizativo, pedagógico y didáctico, que revierten en un descenso importante en la calidad del aprendizaje y en las competencias del alumnado. Esta aserción, se puede fundamentar en que la enseñanza de esta institución permanece inalterable en occidente desde los últimos tres siglos, continuando con prácticas obsoletas, estructuras de conocimiento rígidas, estilísticamente limitada y restringida al rango de música historicista (Musumeci, 1998; Nettl, 1995; Tafuri 2001).

Por tanto, es hora de plantearse cuál es la función del conservatorio: ¿el desarrollo de una ejecución técnicamente habilidosa a partir de una partitura? (Jankowski y Miklaszewski 2001), ¿el aprendizaje de teoría musical para el simple hecho de interpretar textos? (Butler 1997; Covington y Lord 1994, Musumeci 1998a), ¿el mantenimiento de una instrucción a la antigua usanza, basada en la aceptación de normas bajo un docente dominante?… (Kingsbury 1988, Musumeci 2001, Nettl 1995).

Según la Ley Orgánica del 3 de diciembre de 2020 (LOMCE), las enseñanzas artísticas tienen por finalidad proporcionar al alumnado una formación artística de calidad y garantizar la cualificación de los futuros profesionales de la música, la danza, el arte dramático, las artes plásticas y el diseño. Así mismo, esta ley

---

1   Conservatorio Profesional de Música de A Coruña.

cuenta con un Consejo Superior de Enseñanzas Artísticas, existente ya desde el año 2006, como órgano consultivo del Estado y de participación, en relación con estas enseñanzas. Consejo, que el Gobierno, previa consulta a las Comunidades Autónomas, debería regular en composición y en funciones. Este grupo de especialistas, que según exige la convocatoria se reuniría una vez al año, únicamente lo ha hecho en seis ocasiones desde su creación, teniendo lugar en 2015 la última de ellas (Pliego de Andrés, 2021). Por tanto, es evidente que el asesoramiento que se esperaría ilustrase en materia musical a nuestros gobernantes, lo que ha provocado es la indiferencia propia de un Estado que no valora la educación y que hace oídos sordos a la profesión artística.

Ante todas estas cuestiones podríamos preguntarnos si tal vez es necesaria una revolución educativa, como la que hubo en el siglo XIX en España, llevada a cabo por intelectuales, docentes, catedráticos y pensadores, para iniciar un cambio hacia un ideal musical, tomando el significado de ideal de las palabras de Arpa y López (1876):

> Llámase ideal (…) al conjunto de conocimientos y de ideas que sobre cada una de las cosas de la vida formamos, para las cuales intentamos regirnos y guiarnos; comúnmente se denomina plan, regla, proyecto, según el fin y la esfera a que se dirige (p.35).

Seguidamente, se plantean diversos aspectos que podrían servir para proponer una renovación en las enseñanzas musicales, que permitiese el renacer del conservatorio y por consecuencia alcanzar aquel fin último que se pretende: "proporcionar al alumnado una formación artística de calidad y garantizar la cualificación de los futuros profesionales de la música" (Ley Orgánica 2/2006, p. 17175).

2 La formación de un músico profesional

Partiendo del hilo conductor de que la formación del músico profesional es el porqué de la existencia del conservatorio, haremos un breve inciso para volver la vista atrás, cuando Giner de los Ríos hablaba de que la educación del músico profesional debe ser armónica, conocedora de múltiples disciplinas; historia del arte, estética, armonía… y sobre todo, debe poseer sentido común (Sánchez de Andrés, 2009, 2010). Por tanto, la educación musical debería poseer desde el primer momento humanidad, es decir, ser adecuada para todo ser humano, y a la vez para cada ser humano en su totalidad.

Para este fin se fundamentaría en las ciencias neuropsicobiológicas y tendría una perspectiva constructivista, basada en lo social, lo fisiológico y lo cognitivo, tres aspectos de una educación humanamente compatible (Musumeci, 2018). El aspecto social se refiere al contexto interpersonal del aprendizaje, en el cual se incluirían diferentes relaciones del discente: con el docente, con la familia, con la sociedad…y con las múltiples interacciones que tienen lugar entre ellos. Por otro lado, se trataría el aspecto fisiológico, donde el aprendizaje conecta con el cerebro, los sentimientos y las emociones conscientes e inconscientes. Por último, el aspecto cognitivo, referido a las representaciones y procesos mentales que dan lugar a la comprensión, el recuerdo, la creación y la ejecución musical (Thurman, 2000). Estas tres proposiciones tomadas como base educacional serían las desencadenantes de una enseñanza exitosa, pero para alcanzarlas necesitamos antes estudiar las carencias fundamentales que plantea la enseñanza del conservatorio.

3 La práctica instrumental

La primera limitación en el aprendizaje de un instrumento musical se encuentra en la falta de sesiones, ya que actualmente en nuestros conservatorios profesionales solo se imparte una hora semanal de la especialidad. Este aspecto impide la secuenciación del aprendizaje y produce demora en la asimilación técnica y musical. Debemos considerar que el alumnado de grado elemental, de una edad aproximada entre 8 y 11 años, manifiesta una inquietud considerable (Botella et al., 2016) lo que revierte en la necesidad de una práctica supervisada por los progenitores, que evidentemente y en el mayor de los casos, no poseen conocimientos instrumentales. Por tanto, el docente se ve abocado a dedicar tiempo, a veces años, a recomponer todo aquello que a lo largo de la semana se ha estado haciendo de forma repetitiva erróneamente.

Por otra parte, el alumnado de grado profesional, en edades conflictivas y con pobre dedicación al estudio instrumental, bien por falta de alicientes artísticos, bien por las interferencias con la enseñanza ordinaria, llegan a un punto en que la clase semanal se dedica al estudio personal, lo que se convierte en una situación incómoda y consecuentemente al abandono de los estudios musicales (Cremades et al. 2011).

4 Las materias teóricas

La convivencia entre una enseñanza práctica y teórica en los centros de música siempre fue objeto de debate y aunque es verdad que la LOGSE supuso un aumento de créditos de las materias teóricas, respecto al anterior plan de estudios (Jimeno et. al. 2006, p. 18), la consideración de las mismas por parte del discente aún no ocupa el mismo nivel que las disciplinas instrumentales. El estudio instrumental precisa de las materias teóricas, que dan cabida al desarrollo de prácticas reflexivas y a la adquisición de conocimientos y habilidades mentales y técnicas, como base de una profesionalización completa. Pero, por desgracia, la impartición de estas asignaturas adolece del mismo mal: la descoordinación entre todas ellas, ocasionando un aprendizaje falto de conexiones que conducen al discente por un camino de información no cohesionada entre sí, que complete y aúne los diferentes aprendizajes (Pascual et. al. 2019).

5 La formación docente

Teniendo en cuenta que únicamente tres comunidades autónomas españolas (Andalucía, Galicia y Castilla la Mancha) hacen referencia en sus legislaciones a la formación permanente del profesorado de los conservatorios profesionales de música, planteamos en qué punto el profesorado de Música debe contar con la debida actualización y formación de forma sistemática (Domínguez Lloria y Pino-Juste, 2021).

Si consideramos que el docente es la herramienta única, el desencadenante de todo aprendizaje significativo e imprescindible, valoraríamos su formación y le dotaríamos de las herramientas más novedosas para alcanzar la finalidad de su función (Roberts,1991). Este axioma podría enfocarse desde el punto de vista de los institucionalistas, donde el maestro era uno de los factores esenciales en el proceso educativo, ya que consideraban que para reformar un país era imprescindible establecer un cuerpo de maestros bien formados en todos los niveles educativos, con una consideración social acorde a la función que se les encomendaba. "Dadme un buen maestro y él improvisará el local de la escuela, él inventará el material de enseñanza, él hará que la asistencia sea perfecta; pero dadle a su vez la consideración que merece" (Cossío, 1882, cit. en Sánchez de Andrés, 2009, p. 419).

6 El cambio social

Nuestra sociedad ya no es la misma que hace 300 años, ni la de hace 50 y lo más sorprendente, es que casi se podría decir que ni se parece a la de antes de ayer. La prisa, la urgencia, la velocidad a la que todo sucede, la falta de valores personales y la poca importancia de la especialización docente están erosionando, lo que podríamos llamar el "aprendizaje de artesanía" (Sennett, 2008a, 2008b). El trabajo artesano tiene en común con el aprendizaje instrumental, que se realiza bien por el puro deseo de hacerlo, sin otra finalidad, rentabilidad o utilidad ulterior. Por tanto, debemos considerar que la práctica instrumental, como actividad artesanal que es, está forzosamente amenazada por nuestra sociedad y que irremediablemente, precisa proteger los valores que la caracterizan: el esfuerzo, la entrega y la superación.

7 La jornada escolar

En los conservatorios profesionales se organizan las clases en turno de tarde, salvo en casos muy contados, donde el alumnado puede compaginar los estudios ordinarios con los de música, debido a convalidaciones u horas libres que disponga el discente para tal fin (Estévez Vila, 2008). Esta realidad hace que el alumnado acuda a las clases instrumentales y teóricas en horarios tardíos y muchas veces nocturnos, después de una instrucción educativa de entre 7 y 9 horas, cuando las condiciones físicas y mentales no son las mejores para el aprendizaje. Además, al acabar las clases del conservatorio, aún tienen que atender al estudio de la escuela ordinaria, lo que nos hace reflexionar sobre la calidad y cantidad del tiempo que dedican a la enseñanza musical.

8 La diversidad del aula

La diversidad del aula cada vez es más amplia y precisa una cualificación docente para desarrollar cada talento de forma individual (Gardner, 2008). De esta forma, se salvaguarda la esencia de la técnica instrumental, necesaria para proporcionar a todo el alumnado un posible futuro profesional con garantías (Hargreaves, 1996 y 2005).

Así mismo, en la actualidad se están estableciendo en los conservatorios programas para alumnado con necesidades especiales, cuya presencia está aumentando en los centros musicales de forma considerable (conservatorios de Ávila y Torrent). Por otro lado, está claro que si hay una enseñanza en la que la diversidad sea su alma mater, esa es la musical y si además pensamos en la esencia de esta actividad, que es el aprendizaje individual, daremos con el principio básico que precisa todo alumnado, con necesidades educativas especiales o con las propias de su individualidad.

Ahora bien, ¿están los docentes lo suficientemente formados para afrontar la diversidad de la enseñanza?, ¿se cuenta con los medios técnicos y humanos para tal fin?, ¿los proyectos educativos que se desarrollan en los conservatorios están lo suficientemente asesorados por expertos?, ¿el acceso al conservatorio de este alumnado se realiza adecuadamente?, ¿se considera que existen alumnos que acceden a estas enseñanzas por la vía ordinaria que precisarían de una atención especial? (Fernández Morante et al., 2021; Joly, 2011; Pérez Martínez, 2017; Souza de Lima 2010).

9 LOMLOE y la inspección educativa

Según el capítulo II, artículo 151 de la LOMLOE, entre las funciones de la inspección educativa estaría "Supervisar, evaluar y controlar, desde el punto de vista pedagógico y organizativo, del funcionamiento de los centros educativos, así como los proyectos y programas que desarrollen, con respecto al marco de autonomía que esta Ley ampara" (Ley Orgánica 2/2006, p. 17194). Esta circunstancia no es garantía de la calidad de la enseñanza que se imparte y a pesar de que las administraciones se afanan en acrecentar aspectos burocráticos, la falta de supervisión experta en la materia, provoca que el índice de abandono de los estudios musicales se eleve cada año de manera sistemática (Álvarez González, 2015; Lorenzo Socorro y Escandell Bermúdez, 2004).

Por otro lado, surge la duda de si la ley educativa proporciona la correspondencia de los currículos y competencias entre los conservatorios profesional y superior, que debieran desarrollar un espacio artístico que oferte diferentes líneas de estudio de grado, diversificando los itinerarios y no ciñéndose únicamente a la cualificación instrumental (Pascual Pérez y Peñalver Vilar, 2019).

10 Discusión

¿Cómo debería ser el conservatorio ideal?… Aunque a través de este trabajo se han dado los pasos iniciales para esbozar una teoría humanamente compatible con la educación de conservatorio, podríamos establecer las mejoras que producirían la aplicación de estas hipótesis.

En el aspecto social, se debería reconocer la universalidad de la experiencia musical y partiendo de ella, el conservatorio sería el transmisor del conocimiento musical. Además, precisaríamos realizar cambios sustanciales en el currículum que afectarían a las disciplinas tanto prácticas como teóricas y lo que es más evidente, a los objetivos de aprendizaje y a los criterios de evaluación (Alonso-Jartín y Chao-Fernández, 2018 a, b). Nuestra sociedad se refleja en el aula y vemos con asombro que la diversidad es la característica fundamental que la define. Por tanto, el docente debe estar a la altura de esta circunstancia, poseer una pedagogía acorde a las necesidades contemporáneas de nuestros discentes (Hodges y Gruhn, 2018) y potenciar la formación específica, no solo como especialista del instrumento, sino también, desarrollando aspectos didácticos, pedagógicos e incluso psicológicos (Alonso et al., 2018; Roberts, 1991). No debemos olvidar que un músico debe ser capaz también de enfrentar una actividad docente que cada vez encuentra más necesidades entre el alumnado (Alonso-Jartín y Chao-Fernández 2018c; Hemsy de Gainza, 2002). Por todo esto, es imprescindible que la administración competente plantee la necesidad de crear un máster específico para enseñanzas artísticas.

Así mismo, debemos considerar la inclusión de discentes con necesidades especiales, pero para ello se deben buscar alternativas metodológicas e incrementar los recursos para no desvirtuar estas enseñanzas que, no olvidemos, expiden títulos oficiales capacitando para el ejercicio profesional (Bernabé Villodre et. al., 2016).

Por todo esto, hay que destacar que nuestros gobiernos y el sistema educativo que promueven no consideran la importancia que tiene el aprendizaje musical en los diferentes niveles educativos (Chao, et al., 2018; Rusinek, et al., 2010) y que este hecho podría tener remedio en la observación de experiencias pasadas, teniendo en cuenta que, en algunas ocasiones, todo tiempo pasado fue mejor (Giner de los Ríos, 1878).

Finalmente, consideramos que es imprescindible una revolución, donde el aprendizaje musical adquiera el papel que le corresponde en la educación de un país que pretende una sociedad moderna y culta (Alcázar, 2010; Delalande, Vidal y Reibel 2001; Peñalba, 2018; Schafer, 1996; Suzuki, 2004; Willems 1971, 1981).

Referencias

Alcázar, A. (2010). La pedagogía de la creación musical, otro enfoque de la educación musical. Una experiencia en la Escuela Universitaria de Magisterio. *Eufonía. Didáctica de La Música, 49*, 81–92.

Alonso-Jartín, R. y Chao-Fernández, R. (2018a). Creatividad en el aprendizaje instrumental: lenguaje metafórico, velocidad del procesamiento cognitivo y cinestesia. *Creatividad y Sociedad, 28*, 7–30.

Alonso-Jartín, R. y Chao-Fernández, R. (2018b). Los obstáculos de la enseñanza de un instrumento musical con alumnado de Asperger en conservatorio, en 1º Congreso Mundial de Educación. Innovación e Investigación Educativa. *EDUCA 2018*. Sportis. A Coruña. 1–13.

Alonso-Jartín, R. y Chao-Fernández, R. (2018c). Aprendiendo a enseñar un instrumento musical en edades tempranas, en B. Cantalapiedra, P. Aguilar y P. Requeijo (Coords.), *Fórmulas docentes de vanguardia* (pp. 27–35). Gedisa.

Alonso-Jartín, R, Gisbert Caudelli, V. y Chao-Fernández, R. (2018). Análisis de la programación curricular en los conservatorios de música: legislación versus realidad. *Libro de actas de V Congreso Nacional y III internacional de Conservatorios Superiores de Música (CONSMU): Innovación e Investigación en los ámbitos y contextos de la Educación y la Formación Musical.*

Arpa y López, S. (1876). *Manual de Estética y Teoría del arte escrito para la enseñanza de las alumnas y alumnos del Instituto Musical de Santa Cecilia de Cádiz.* Imprenta de la Revista Médica de Federico Joly.

Álvarez González, E. (2015). Los abandonos de carreras musicales se multiplican con el bachillerato. https://acortar.link/dDxj0L

Bernabé Villobre, M.M., Alonso Brull, V. y Bermell Corral, M.M. (2016) Evolución de la terminología relacionada con la atención a la diversidad a través de las diferentes reformas legislativas en España. *Revista Iberoamericana de Educación, 70.* N.º Extra1, 79–96.

Botella Nicolás, A.M. y Montesinos Boscá, C. (2016). Fomento de la atención y la conducta prosocial mediante la enseñanza musical. *Revista de la SEECI, 39,* 127–153.

Butler, D. (1997). Why the Gulf Between Music Perception Research and Aural Training? *Bulletin of the Council for Research in Music Education, 123,* 3848.

Conservatorio professional de música de Ávila: https://conservatoriodeavila.es/webconser/sites/default/files/PAD.pdf

Conservatorio professional de música de Torrent: https://mestreacasa.gva.es/web/cpmtorrent/tmtd

Covington, K. & Lord, C. H. (1994). Epistemology and Procedure in Aural Training: In Search of a Unification of Music Cognitive Theory with its Applications. *Music Theory Spectrum, 16*(2), 15970.

Cremades, R., Herrera, L. y Lorenzo, O. (2011). Las motivaciones de los niños para aprender música en la Escuela de Música y Danza de Melilla. *Dedica. Revista de Educação e Humanidades, 1,* 293–318.

Chao-Fernández, R., Alonso-Jartín, R. y Chao-Fernández, A. (2018). Importance of auditory development in conservatory students and its repercussion in the learning of another language. Case study. *TEEM18.* The Association for Computing Machinery (ACM), Pp.761–765.

Delalande, F., Vidal, J. y Reibel, G. (2001). *La música es un juego de niños.* Ricordi Americana.

Domínguez-Lloria, S. y Pino-Juste, M. (2021). Análisis de la formación pedagógica del profesorado de los Conservatorios Profesionales de Música y de las Escuelas Municipales de Música. *Revista Electrónica Complutense de Investigación en Educación Musical - RECIEM, 18,* 39–48. https://doi.org/10.5209/reciem.67474

España (2006). Ley Orgánica 2/2006, de 3 de mayo, de Educación. *Boletín Oficial del Estado, Núm. 106,* 17158–17207.

España (2020). Ley Orgánica 3/2020, 29 de diciembre, por la que se modifica la Ley Orgánica 2/2006, de 3 de mayo, de Educación. *Boletín Oficial del Estado, Núm. 340,* 122868–122953. https://www.boe.es/eli/es/lo/2020/12/29/3

Estévez Vila, J. (2008). La optimización horaria en escuelas de música y conservatorios. *Música y educación. 21*(2), 58–63.

Fernández Morante, B., de Paula Ortiz Ruíz, F. y Blanco Piñeiro, P. (2021). Profesionales de la psicología como docentes en los conservatorios de música: Hacia una educación musical sostenible. *Papeles del psicólogo,42*(1), 38–45.

Gardner, H. (2008). *Inteligencias Múltiples. La Teoría en la Práctica,* 8.º Edición. Paidós.

Giner de los Ríos, F. (1878). *Sobre la institución y el Conservatorio. En estudios sobre artes industriales y cartas literarias.* Obras completas, vol. xv. Espasa Calpe S.A.

Hargreaves, D. (1996). *The developmental Psychology of Music.* Cambridge University Press.

Hargreaves, A. (2005). *Profesorado, cultura y postmodernidad. Cambian los tiempos, cambia el profesorado* (5.º ed.). Morata.

Hemsy de Gainza, V. (2002). *Pedagogía musical. Dos décadas de pensamiento y acción educativa.* Lumen.

Hodges, D.A. & Gruhn, W. (2018). Implications of Neurosciences and Brain Research for Music Teaching and Learning. En G.E. McPherson, y G.F. Welch, *Music and Music Education in People's Lives.* An Oxford Handbook of Music Education, Volume I. (pp. 206–224). Oxford University Press.

Jankowski, W. & Miklaszewski, K. (2001). Poland. En D. J. Hargreaves y A. C. North (Eds.) *Musical Development and Learning: The International Perspective.* Continuum, pp. 134150.

Jimeno, M., Ibarretxe, G. & Arturo, G. (2006). De la LOGSE a la Declaración de Bolonia: el caso del Conservatorio Superior de Navarra "Pablo Sarasate". *Boletín de Investigación Educativo Musical, 13*(37), 14–21.

Joly, I. Z. L. (2011). Música e Educâo Especial: uma possibilidade concreta para promover o desenvolvimiento de individuos. *Educação, 28*(2), 79–86. https://periodicos.ufsm.br/reveducacao/article/view/4166

Kingsbury, H. (1988). *Music, Talent, and Performance: A Conservatory Cultural System.* Temple University Press.

Lorenzo Socorro, S. y Bermúdez, M.O. (2004). El abandono de los estudios musicales en el conservatorio: la opinión de los profesores del centro. *Eufonía: didáctica de la música. 31,* 74–94.

Musumeci, O. (1998). ¿Deberíamos Cambiar Conservatorio por "Renovatorio"? Hacia un Modelo de la IdiosincraSia de los Conservatorios. *Fundamentos de Educação Musical*, Associação Brasileira de Educação Musical, Salvador.

Nettl, B. (1995). *Heartland Excursions: Ethnomusicological Reflections on Schools of Music.* University of Illinois Press.

Pascual Pérez, C. E. y Peñalver Vilar, J. M. (2019). Conservatorios de música en España. *Epistemus. Revista De Estudios En Música, Cognición Y Cultura, 7*(1), 004. https://doi.org/10.24215/18530494e004

Peñalba, A. (2018). Claves para una educación musical temprana, creativa e inclusiva. *Tabanque: Revista pedagógica, 3,* 29–40.

Pérez Martínez, A. M. (2017). El alumnado con NNEE ¿tiene cabida en el conservatorio? https://revistaventanaabierta.es/alumnado-nneetiene-cabida-conservatorio/

Pliego de Andrés, V. (2021). *Sobre el Consejo Superior de Enseñanzas Artísticas: una azarosa trayectoria de quince años.* https://acortar.link/JLRAjx

Roberts, B. (1991). Music Teacher Education as Identity Construction. *International Journal of Music Education, 8*(1), 30–39. doi:10.1177/025576149101800104

Rusinek, G., Riaño, M. E. y Oriol, N. (2010). Sociedad para la educación musical del estado español (SEEM-EE). *Libro de Actas del Seminario Internacional de Investigación En Educación Musical 2010.* Universidad Complutense de Madrid. https://cutt.ly/mgznjye.

Schafer, M. (1996). *El nuevo paisaje sonoro: un manual para el maestro de música moderno.* Ricordi Americana.

Sánchez de Andrés, L. (2009). Música para un Ideal. Pensamiento y actividad musical del krausismo e institucionalismo españoles. (1854–1936). Sociedad española de Musicología.

Sánchez de Andrés, L. (2010). Francisco Giner de los Ríos y la formación de los músicos profesionales. *Revista de musicología, 33*(1/2), 119–137.

Sánchez-Escribano, E. y Gértrudix Barrio, F. (2019). Estado de la enseñanza integrada de la música en España. Concepto, clasificación y trayectoria de los centros integrados de música. En T. Sola, M. García, A. Fuentes, A. Rodríguez y J. López (Eds.). *Innovación Educativa en la Sociedad Digital*, págs. 2106–2119. Dykinson.

Sennett, R. (2008a). *The craftsman.* Yale University Press.

Sennett, R. (2008b). *La cultura del nuevo capitalismo.* Anagrama.

Souza de Lima, C.S. (2010). *Música e inclusâo: necesidades educacionales especiais ou necesidades profissionais especiais?* http://www.repositorio.ufba.br/ri/handle/ri/9148.

Suzuki, S. (2004). *Educados con amor- El método Clásico de la Educación del talento.* Alfred publishing Co., Inc.

Tafuri, J. (2001). Italy. En D. J. Hargreaves y A. C. North (Eds.). *Musical Development and Learning: The International Perspective.* Continuum, pp. 7386.

Thurman, L. (2000a). Human-Compatible Learning. En Thurman, L. y Welch, G. (Eds.) *Bodymind and Voice: Foundations of Voice Education.* Iowa: The Voice Care Network: 188–301.

Willems, E. (1979). *Las bases psicológicas de la educación musical.* Eudeba.

Willems, E. (1981). *El valor humano de la educación musical.* Paidós.